人間性尊重型

大家族主義経営

新しい「日本型経営」の夜明け

天外伺朗

西泰宏
西精工株式会社代表取締役社長

内外出版社

「価値前提の経営」

（ネッツトヨタ南国株式会社　取締役　相談役）
横田　英毅

経営者は誰でも〝良い会社（組織）〟をつくりたいと思っています。しかし、「あなたの目指す〝良い会社〟はどのような組織ですか？」と聞かれて、自分の会社が目指す組織風土の全体像を総括的に言い表すことができる人は少ないのではないでしょうか。

売上げ、利益、規模拡大……これらの業績は、すべて目指すべき〝良い組織〟の生み出した結果であることは云うまでもありません。良い組織づくりとは、良い結果を生み出す大切なプロセスであり目的です。けれども、いつの間にか我々は結果を重視し、良い結果を出すためには良いプロセスを経なければならないという考えに陥ってしまっています。この流れに従うと、一番大切なことは結果であり、プロセスは二番目に大切だという間違った考え（事実前提の価値観）になってしまいます。

西精工はプロセス（目的・経営理念）、すなわち働く人々の心を一番大切に考え、社員一人ひとりの人間的成長を追求し続けた結果、業績を高めていくという価値前提の経営を実現している理想の組織といえるのではないでしょうか。

西社長の大変素晴らしいところを４つ上げてみましょう。

①　目指すべき〝良い会社像〟のイメージが極めて明確であること。

②　全社員をその方向に向けて引っ張っていく、強力な使命感とリーダーシップ。

③　隠れている問題を発見し、解決に向けて根気よく取り組む継続力。
④　西社長自身の持ち前の明るさと、人間好きな性格が強い求心力につながっている。

これらの結果、西精工は日本で一番社員が幸せを実感している、休み明け出社するのが楽しい会社だといえます。本書では理念を浸透させるための具体的なノウハウ、働く人の心にどのようにアプローチし、社員を成長させていくのかについて学ぶことができます。

現在、日本が抱える大きな問題として、働く人の内側から湧き上がるモチベーションがどんどん低くなっていることが、様々な統計によって指摘されています。米・ギャラップ社の調査では「熱意あふれる社員」の比率が世界139カ国中、日本は132位と最下位クラスという結果も出ています。

今、巷では「ワーク・ライフ・バランス」という言葉が使われていますが、これはワーク（仕事）とライフ（人生）を切り離す考え方です。余暇の時間を充実させるため、またその元手となるお金を稼ぐために嫌々ながらも働く。前述の「熱意あふれる社員」が減少する中、このような考えから抜け出せないままでは、これからの日本の企業は立ち行かなくなってしまいます。

一方で、仕事を通じて人生を豊かにする「ワーク・ライフ・インテグレーション」は、私も西社長も推奨する考え方です。人生の一部としてのワーク（仕事）の時間をいかに充実させ、やりがいを持って仕事に取り組むことで人間的な成長を続け、良い人生を歩むことが重要だと思います。

本書では、西精工が取り組む「ワーク・ライフ・インテグレーション」のエッセンスが多く散りばめられています。ぜひ、社員が幸せを実感しながら働く〝良い組織〟づくりの参考にしていただきたい一冊です。

「ひとの心が輝きだす空気感」

（株式会社ブロックス　代表取締役）
西川　敬一

私は仕事柄、たくさんの会社を訪問し取材してきましたが、「いい会社」は一歩社内に足を踏み入れた時に爽やかな風のようなものを感じます。それは働く人の心が醸し出す空気、社風というものかもしれません。その会社で働く人のちょっとした笑顔だったり、言葉だったり、気配りや思いやりなどから感じる何ともいえない優しくて温かい空気感。もちろん目に見えないものなのですが、いい会社には「いい空気」があります。

西精工さんにも、素晴らしい空気が流れていました。例えば、さっと駆け寄って、車を誘導し挨拶してくれる守衛さん。来る人や仲間に楽しんでもらおうと花壇の花を手入れする社員さん。ゴミや雑草がひとつもない近隣の美しい道路。すれ違う人がみんな笑顔で会釈する工場。社内では「ありがとう」が飛び交い、みんながお礼を言いあう。困っている仲間がいればみんなで考え助けあう。先輩は後輩の成長を助け、後輩は先輩を尊敬し大切にする。一人ひとりが認めあい、信頼しあっている人たちの中にある空気感は、会社というより家族のような空気感に近いのかもしれません。

西精工さんでは、会社はもちろん、会社の外でもその空気感は流れていて、みんなでマラソンに挑戦したり、社員同士でもよく遊びにもいくそうです。西社長は、この空気感を本当に大切にされていました。

この空気を生み出しているものは、社員一人ひとりの「人間性」や「心の姿勢」ですが、そのいちばん底にあるのは、心の底から「すべての社員に幸せになってほしい」という西社長の強い思いです。

西社長はこの空気を作り出すまでに、コツコツと地道な取り組みを続けてこられました。リーダーシップ勉強会、掃除、毎朝1時間の朝礼……。弊社制作のドキュメンタリー「ＤＯＩＴ！」シリーズでも西精工の様々な取り組みを取材しましたが、感動するのはそのすべてが「社員を幸せにしたい」という目的に向かっていること。そこにひとつもブレがなく、一度決めたことをずっとやり続けてこられたのが西社長のすごいところだと思いました。

「ＤＯＩＴ！」の撮影では、様々な社員さんにインタビューをさせていただいたのですが、西精工の社員さんは、皆さんが自分の仕事を「天職」だと言い切り、「もっといい仕事をしたい」と思いながら働く人ばかりでした。「もっといい商品を作りたい！　もっといいチームにしてきたい！」という気持ちが充満し、誰かを喜ばせること、人に役立つことが嬉しくて仕方ないという人たちがつくる空気感。本当に、どうすれば、こんな社員や空気感をつくれるのでしょうか。この本が、西精工の素晴らしい空気感をひも解く、最高の解説書になると期待しています。

「もしも、西社長があなたの会社の社長だったら？」

八木　陽一郎
（ユニティガードシステム株式会社　代表取締役社長）

ありがたいことに、私はこれまで多くの企業を見学させていただいて、たくさんの発見や感動をいただいてきました。しかし、その中で、見学中に思わず泣かされてしまったという経験はほとんどありませんでした。私にとって西精工はそのような経験をさせていただいた会社であり、心から感謝している会社です。

本書でも詳述されているように、それは西精工のある社員の方が、会社を自らの死に場所として最期に一度でもいいから戻りたいと願われたエピソードを聴かせていただいた時のことでした。まるで雷に打たれたように強いインパクトを受け、自分の内側から込み上げてくるものを抑えることができませんでした。

このエピソードだけでも、経営者の役割の大きさというものを感じずにおれません。「もしも、西精工に西泰宏社長がいなかったら？」と問うてみると、その大きさがわかります。あの社員さんは、きっとまったく違った生き方をされ、人生を終えられていたと思うのです。

私は、改めて「経営者の役割とは一体何だろうか？」と自分に問わずにいられませんでした。また、「会社とは一体何だろうか？」とも問わずにはいられませんでした。

このふたつの問いを皆様はどのようにお考えになるでしょうか。これらの問いにどのような答えを持って経営にあたるかは、とても大切なことです。なぜなら、私たち人間は常に現実と向き合いながら、その心の内にあることを形に表し続けていく存在だからです。

西社長からは、社員は家族、会社とは大家族が暮らす家のようなもの、そこで大切にされなければならないことは人間性であるとお聞きしております。

だからこそ、西精工の経営においては何よりも人間性を高めることが大切にされ、常に「あなたはどう思う?」という問いが会社の中で発し続けられているのではないかと思います。

実は、私は西精工の見学をして深い後悔をしたのです。それは、「もしも自分ではなく、西社長がうちの会社の社長だったら?」と考えたからです。「もっと社員のために働けるのではないか。もっと社員を輝かせることができるのではないか。もっと社員の喜びを共に喜び、苦しみを共に苦しめるのではないか」。あの日、私はそのような問いと後悔を持って西精工の見学を終えたのです。

もちろん、西精工のやり方だけが正解であるとか、経営の完成形であるとか、決してそういうことではありません。西精工もまた発展途上にあるひとつの企業であり、日々多くの試練に向き合い続けていらっしゃるのだと思います。

大切なことは、経営者とそこで働く方々が、何を大切に経営やお仕事をしているか、会社をどのように捉えているか、という心の内実です。単なる知識ではなく、血肉として結晶化して、私たちが生きている内実だと思います。読者の皆様にとって、本書がそのような内実の深化を誘うものであることを願ってやみません。

まえがき

徳島のナット・ファインパーツ製造会社「西精工株式会社」は「末期ガンの社員が〝死に場所〟として選ぶような会社」です。死ぬ前に我が家に帰りたい、という話はよくありますが、「一度職場に戻りたい」という想いを抱くということは、ちょっと普通では考えられません。それまでに、いかに濃厚で幸福な時間を会社で過ごしてきたかが偲ばれます。その社員は、会社で最大限に自らの人間力を発揮できていたのでしょう。人間は自らの人間力を発揮して、何かに貢献できたときに最大の喜びを感じます。「いい会社」のひとつの条件は、社員が最大限に自らの人間力を発揮できていることではないでしょうか。

本書は、その実態を詳述し、いかにしたらそういう会社を育てられるか、産業界全体の歴史の中でどう位置づけられるか、などを明らかにしています。

たまたま西精工をサンプルとして取り上げましたが、最近、同様な会社は数多く育ってきており、新しい企業経営の動向と考えられます。これを、「人間性尊重型大家族主義経営」と呼ぶことを本書では提案します。

「大家族主義経営」は、日本の企業経営のお家芸であり、50年前はほとんどの会社がそうでした。しかしながら、その様相は西精工とは大きく異なります。違いを明らかにするために、昔のスタイルを「家父長型大家族主義経営」と呼ぶことにしましょう。

企業の経営は、その国の文化、風土、価値観などと密接に結びついており、日本型経営をアメリカに持ち込んでも、アメリカ型経営をそのまま日本に持ち込んでもうまくはいきません。前者の失敗例は、１９８０年代のアメリカに数多く見られたし、後者は１９９０年代以降に、ソニーをはじめとする多くの日本企業が凋落する、という結果をもたらしました。

経営学の中には、このような文化の違いに着目した議論もありますが、ほとんどの日本の経営者は、それに気づかず、闇雲にアメリカ発の経営学を追っかけています。

日本で経営する限り、一番基本の土台のところでは、「日本型経営」をしっかり認識し、さらに磨きをかける以外に繁栄の道はありません。

「家父長型」と「人間性尊重型」の違いを明らかにすれば、日本の企業経営の歴史がわかり、今後どういう方向に発展させるべきかが明らかになります。

1章から4章までを天外伺朗が担当し、歴史的な背景を含めて、全般的な概説をします。

1章では西精工の見学合宿に参加した天外が、日本型企業経営のお家芸の家族主義経営の中で、「家父長型大家族主義経営」と「人間性尊重型大家族主義経営」の違いに気づいていく経緯をお話しします。

2章では、天外自身のアメリカにおけるオペレーション体験や、アベグレンの著書などから、日本型企業経営の特徴を掘り下げます。

3章では、日本型とアメリカ型の企業経営の違いの分析から出発したウィリアム・G・オオウチの「Z理論」が、じつは創業期のソニーをモデルのひとつにしており、「フロー経営」の真髄に迫っているという、驚くべき秘密を書きました。

4章では、人間の意識の成長の階層構造と企業経営の進化の関連を書き、「家父長型大家族主義経営」、「人間性尊重型大家族主義経営」から、最新の「ティール型組織運営」にいたるまでの企業の進化について書きました。

また、名経営者が生まれるパターンをいくつか示し、西泰宏さんが、重篤な病気から「死」に直面し、「実存的変容」につながったのではないか、という推定を書きました。

この章は、多少難解かもしれませんが、きれいごととしての表面的な企業経営を理解するだけではなく、経営を担当する「生身の人間」のどろどろした深層心理に触れることにより、企業経営に対するスタンスも変わってくるでしょう。

経営スタイルの進化と個人の意識レベルの進化の関連は、とても重要な課題ですが、F・ラルー『ティール組織』では、ほんのわずかしか触れていません。本書ではそれを詳しく補っており、ティール型組織運営に関心のある方のご参考になれば幸いです。

5章以降は、実際に西精工を率いて、そのユニークな社風を作り上げてこられた、西泰宏社長自らの語りおろしで、どういう背景で、どういう思想のもとに、どういう工夫をしてきたか、という大変な苦労話を披露していただきました。このお話の行間に、様々なレッスンが含まれています。心して読んでいただけたら幸いです。

本書は「ホワイト企業大賞」を推進する活動の中から生まれました。この活動は「ホワイト企業」をひとつの方向性に限定することなく、限りなく多様性の中へ発散していくことを希求していますが、「人間性尊重型大家族主義経営」は、明らかにその方向性のひとつでしょう。

巻頭言をお寄せいただいた、横田英毅さん、西川敬一さん、八木陽一郎さんをはじめとする、すべてのホワイト企業大賞企画委員に深謝します。「人間性尊重型」という命名は八木陽一郎さんのアイディアです。

また、巻末の「ホワイト企業大賞」の記述を書いてくれた石川公子さんをはじめとする事務局全員の絶大なる貢献に対しても、心からの謝意を表します。

企画委員、事務局、そしてホワイト企業を目指す、すべての皆さんとともに歩めることが、いまの私の最大の喜びです。

天外伺朗

目次

第2部　実践編　西　泰宏

8章　社員一人ひとりが、ドラマの主人公

カバーデザイン　小口翔平＋山之口正和（tobufune）
本文デザイン・ＤＴＰ　ナナグラフィックス
編集協力　上本洋子（自在株式会社）

第1部　基礎編　天外伺朗

1章

社員が「死に場所」として選ぶ会社

◇死期を悟って診断書を提出

２０１７年1月22日（日）、第3回「ホワイト企業大賞」の表彰式には、東京、芝のメルパルクに約１００人が集まりました。西精工は、日本レーザー、ダイヤモンドメディアとともに、栄えある「大賞」を受賞されました。

社長の西泰宏さんは、受賞スピーチで下記のようなエピソードを披露され、多くの人が涙にむせびました。

「あるとき、重症のガンで療養していた社員から医者の診断書が届けられました。〝就労可〟というんですね。嬉しかったけど、念のために産業医に調べてもらったら、とても無理、というのでお断りしました。そうしたら、その5日後に亡くなってしまったんです。びっくりしました。就労はお断りしたのですが、そんな診断書が出るくらいですから、快方に向かっていると信じていたからです。そして、はたと思い当たって、息をのみました。その社員は自らの死期を悟って、医者に無理やり診断書を書かせたに違いありません……」

死期を悟って自宅に帰りたい、自宅で死にたい、という患者の希望はよく聞きます。ですが、最後に会社に出たい、というのは珍しいでしょう。その社員にとって、会社が特別な場所であった証拠です。それまで会社で過ごした幸せで濃厚な時間の質が、このエピソードにあらわれています。

「いったいどういう会社なのだろう」、「どうしたらそういう会社ができるのだろうか」、「産業界の歴史の中で、そういう会社はどういう位置づけになるだろうか」などが、本書のテーマになります。

２０１７年1月22日の授賞式に先立つ２０１６年7月18、19日、「ホワイト経営合宿」の一環として20名ほどで西精工を訪問、ベンチマーク勉強会が行われました。

初日は、すでに世の中によく知られている長時間の朝礼を見学。これは朝礼というより組織開発のワークショップといってよいでしょう。

その後、２日間にわたり西泰宏社長による講演が行われました。講演の内容に関しては、５章以降に記載します。

天外自身は、講演に感銘して聞き入っていましたが、この2日間考え続けていました。西社長は「大家族主義経営」だといいます。天外は、１９６４年にソニーに入社しています。西社長がまだ1歳、おむつを付けてぎゃあぎゃあ泣いていた頃です。半世紀前の日本の産業界の実態を肌で感じてきたし、いまでもその感覚はありありと実感できます。

あの頃は、ほとんどの日本企業は「大家族主義経営」でした。企業は社員の面倒見がよく、社員も滅私奉公でそれに応えていました。

天外の父親は日本興業銀行に勤務していましたが、退社してから約20年にわたって監査役としての出向先を世話してもらいました。父親も、人生のすべてを会社（興銀）にささげる、という態度を貫いていました。銀行員は1年、2年といった短期の地方勤務が多いのですが、必ず移動は家族全員でした。天外は、小学校を3校、中学校を2校体験しています。

転校が多かったせいか愛校精神が薄く、高校、大学と卒業式には出ておらず、同窓会にも一切顔を出しません。

◇ソニーもかつて大家族主義だった

父親が会社のために、すべてを犠牲にして滅私奉公する姿を、天外は子どもながらに冷ややかに見ていました。中学生くらいでは、もちろん、そんな言葉は知らなかったのですが、もし大人の言葉で表現するならば、「自らの尊厳と価値観を見失い、会社の価値観に飲み込まれていた」ように映ったのだと思います。その反発のせいか、天外は42年間もソニーに勤務しながら愛社精神はきわめて希薄でした。

携帯電話が普及し始めた頃、競合メーカーのパナソニック製品を買いました。電話が鳴ってポケットから取り出すと、周囲はみんなびっくりして白い目で見ました。当時はもうソニーの取締役でしたが、「役員ともあろうものが、何で他社製品を使うのだ。お前がそれを使うと、すさまじい他社宣伝になるぞ！」と親切に注意してくれる先輩もいました。当時の役員は自社製品を無料で使えたので、わざわざ自腹を切って他社製品を買う神経を疑われました。
天外は、ソニーから給料はもらっていたけど、会社の奴隷ではあるまいし、競合他社であっても、一番いいと思った商品を使うのが当然だと思っていました。悔しかったら、パナソニックよりいい商品を作れ、と突き放して、冷めていました。

CD（コンパクト・ディスク）、NEWS（専門家向けコンピュータ）、AIBO（犬型ロボット）などを開発し、仕事にはのめり込んでいましたが、「就職」はしても「就社」はしない、という精神で42年間も勤務してきたのです。

だから、上司とはよくぶつかりましたし、社長命令もよく無視しました。一番有名なのは、コロンビア・ピクチャーズ買収の後ソニーが傾き、一切の出金を止める「モラトリアム」が1カ月近く発令されるという事態があった頃の話です。海外出張が半年以上にわたって禁止になり、研究開発費が大幅に削減される中で、天外が別会社として設立した「株式会社ソニー・コンピュータ・サイエンス研究所（CSL）」を閉鎖しろ、という社長命令が下ったのです。天外は「はい、わかりました」といって何もしませんでした。

会社中ひっくり返って大騒動していた中です。社長命令が無視されたことは誰も気づかなかったようでした。社長だけは、しばらくたった後で気づいて「こん畜生！」と思ったかもしれませんが、何のお咎めもありませんでした。会社としてはそれどころではなかったからでしょう。

その頃天外は、ＣＳＬの他にコンピュータ関連の事業本部長や情報通信研究所長などを兼任していました。危機的状況の中で副社長を中心として、研究開発テーマの仕分けが行われ、情報通信研究所で開発していた非接触カード（今日のＳｕｉｃａ、ＰＡＳＭＯの原型）が槍玉にあがり、中止命令が下りました。

このときは、天外は社長に駆け込み「これから到来する電子マネーの時代に備えて、これはやめてはいけない」と説得しました。社長とはＣＤの開発の同志であり、気心が知れていたからできた芸当です。

結果的に、副社長はメンツがつぶされ、その後天外とは口をきいてくれなくなりました。もし、あの時やめていたら、ＳｕｉｃａもＰＡＳＭＯも世の中には出なかったでしょう。

二足歩行ロボットＱＲＩＯの発売が強引に強制的に止められた時には､その当時のＣＥＯと､激しい言葉で応酬するメール合戦を1カ月近く続けました。１００人近くのエンジニア全員にＣＣを入れてのメール合戦は、皆にとっては、おそらく素晴らしいエンターテインメントになったでしょう。滅私奉公のサラリーマンなら、こんな無謀な戦いをトップには挑むことはないでしょう。

だから、西社長の「大家族主義経営」という言葉には、反発すら覚えました。西さんは、おむつを付けていた頃だからわからないかもしれないけど、あれから日本の企業経営はどんどん進化して、もう滅私奉公の時代じゃないよ、西さん何を古臭いことといっているんじゃ……という感じでした。

ところが、話を聞いているうちに「何か違うぞ」という感覚が頭をもたげてきました。天外が熟知していると信じていた「大家族主義経営」と、微妙にニュアンスが違うのです。もう西社長の話はそっちのけで、「何が違う」というポイントに思考が集中していきました。考えても、考えてもわかりませんでした。宿に帰ってからも一晩中考え続けたといってもいいでしょう。

◇井深社長のプロジェクトを担当

翌日、本章の冒頭で記述した、ガンに侵された社員の「死に場所」の話になり、天外も涙しました。そしてようやく、何が違うかがおぼろげながらわかってきました。要するに、トップと社員の間の距離感が微妙に違うのです。

50年前のトップの多くは、蒸気機関車のようでした。黒光りし、強力で、圧倒的な存在感がありました。ソニーの創業者の井深大氏の場合には、慈愛にあふれており、社員の「働きがい」を最大限に尊重して仕事を任せる「フロー経営」を実施されていたので、「蒸気機関車」という表現は適切ではありませんが、トップと社員の関係は、やはり「お殿様と家来」でした。

天外は、1964年入社早々の仕事が、井深さん直々依頼の「FMポータブルラジオ用のアンテナ」でした。ソニーがトランジスタラジオで成功した理由のひとつが、小型のフェライト・コア・アンテナの発明であり、それと同じことが周波数の高いFMでもできないか、というプロジェクトだったのです。

井深さんは興味を持つと、とことんのめり込むタイプなので、当時毎日のように天外が実験している隣に座って議論を吹っかけてきました。ときには、口角泡を飛ばす、激しい議論になることもありました。親子以上に年齢差があったし、社長と新入社員という関係なのですが、議論には上下関係はまったく反映されませんでした。そして、新入社員であるにもかかわらず、天外を専門家として、対等以上に敬意を払ってくれる井深さんとは、ごく親しい関係になりました。

その後ソニーは、出遅れていたカラーテレビにポータブル機から進出することを決定しました。当時の信号処理ではゴースト波を除去できず、小型で指向性の強いアンテナが必要となりました。ところが、当時の学会の常識では、指向性を付けるためには八木アンテナのように大きな寸法が必要だ、とされていました。

技術の常識を破る、小型指向性アンテナの開発のため、天外は東北大学に国内留学として派遣されることになりました。FM用のフェライト・コア・アンテナのプロジェクトはうまくいかなかったのですが、井深さんは侃々《かんかん》諤々《がくがく》と議論した天外を次の重大なプロジェクトに起用したのです。

常識破りの困難な開発目標に不安がる天外に対して、先輩たちは「井深さんがやれといったテーマは、必ずできるから心配するな」と励ましてくれました。天外は、アドバイスそのものはありがたいとは思いましたが、その先輩たちが、井深さんのためなら命も惜しまない、と井深さんを宗教的な信仰の対象にしているように感じて、かなり辟易としました。

ところが、このときはその先輩たちの予言通りにうまくいき、天外は3年の留学で当時の学会の常識を破る、小型指向性アンテナを完成させました。


前にいた部署はなくなっていたので、帰ってきたら別の部署に配属になりました。そして驚きました。前の部署とはまったく風土が違うのです。

井深さんが見学に来るとなると、3日前から掃除が始まります。当日は、井深さんの後ろにえらい人が金魚の糞のようにつながり、社員は誰も直接には話ができませんでした。

新入社員の頃は、井深さんが丸い木の椅子を自分で持ってきて、天外の隣にちょこんと腰を掛けても、課長も係長も一切気にせず、井深さんと天外とのディスカッションには、誰も介入しませんでした。その時の課長は、井深さんと一緒にソニーを立ち上げた「七人の侍」のひとりであり、井深さんとの間には圧倒的な信頼感が感じられました。

3年間という時間のせいか、あるいは部署の風土の違いか、おそらく、その両方が絡んで、まったく別の雰囲気の会社になっていたのです。

◇西精工の大家族主義は何か違うぞ！

いまから考えると、あの頃の日本の一般的な会社の風土は、留学から帰ってきてからのソニーのようだったでしょう。たとえ慈愛に満ちていようが、たとえ「フロー経営」を実行していようが、やはり社長は偉い「お父さん」なのです。

１９６０年代は、まだ戦前の家族主義の伝統が尾を引いていました。家長は家族全員に目配りし、全責任を持ちます。家族は家長を敬い、たてまつり、家長が機嫌よく過ごせるように気を配ります。役割分担と上下関係が、とてもはっきりした人間組織でした。

天外の父親が、会社のために滅私奉公していたのは、「お家のために」と命の犠牲もいとわなかった武士たちの精神にも似ています。

日本の株式会社は、三井家、住友家、岩崎家などの「お家のために」というマネジメントから出発して、発展してきました。だから、50年前の「大家族主義経営」というのは、まだその雰囲気が残っていたのでしょう。

ところが、西精工の雰囲気は明らかにそれとは違っていました。強いていえば、井深社長と友達のように語り合った、天外の新入社員時代の雰囲気に似ていました。

組織がフラットで、皆のマインドがオープンなのです。社長の雰囲気は軽やかで、重苦しさはまったくありません。社員からも、社長をたてまつる、という雰囲気は感じられません。明らかに、昔の「大家族主義経営」とは違います。

天外は、留学の前後で社風ががらりと変わるのを経験していたので、その違いに敏感でした。どうやら、昔とは違う、新しい「大家族主義」が誕生しているらしいのです。

思い返してみると、第1回、第2回の「ホワイト企業大賞」の受賞企業の多くも、同じような傾向がみられます。重苦しくなく、軽やかで、フラットで、ご機嫌な雰囲気の会社が増えているのです。

おそらく、まだ誰も指摘はしていませんが、この50年で日本の企業経営が進化して、あるひとつの傾向性が出てきたのでしょう。「ホワイト企業」を推進する立場としては、それを明らかにし、ネーミングを考え、しっかりと記述していかなければいけません。

この新しい傾向を際立たせるために、まずは昔の「大家族主義経営」の呼び方を決めることが先決です。しばらく考えた結果、天外は「家父長型大家族主義経営」という言葉を思いつきました。「お家のために」と滅私奉公する企業経営です。

西社長の講演が終わり、社員たちのインタビューや社内見学が終わり、最後の振り返りのチェックアウト・セッションで、天外は以上の概略を語り、「家父長型大家族主義経営」という言葉を披露しました。

ただ、肝心の西精工のような新しい「大家族主義経営」に関しては、いいネーミングが思いつきませんでした。合宿が終わってから、企画委員のひとり、八木陽一郎さんから、「人間性尊重型大家族主義経営」という、素晴らしいご提案をいただきました。それが本書の企画につながりました。

ソニーという会社は、創業以来「フロー経営」を実践しており、数々のイノベーションを達成して奇跡の成長を遂げました。「フロー経営」と経営スタイルは直接的には対応しておりません。私が留学前後に経験した経営スタイルは、「人間性尊重型大家族主義経営」と「家父長型大家族主義経営」だったと思います。同じ井深大さんが社長を務めていても、部門によって経営スタイルは違っておりました。

このことから、このふたつの経営スタイルの違いは、経営者というよりは、主として社員側（部門長を含む）の意識レベルで決まる、と考えました。4章で詳しく述べます。

2章

日本型企業経営

◇「職務記述」が厳密なアメリカの経営

天外が昔の日本型企業経営を「家父長型大家族主義経営」と呼んだ背景には、拙著『非常識経営の夜明け：燃える「フロー」型組織が奇跡を生む』（講談社）の中で、ブラジルのセムコ社を紹介する章に、そのヒントが隠されていました。

セムコ社は、上からの管理統制を排して、仕事やデシジョンをすべて現場に任せてしまう「フロー経営」のフラッグシップとして、世界中の注目を集めています。経営改革の立役者、リカルド・セムラー（1959-）は、新しい経営を模索する中で、1年間にわたって人を日本に派遣して、「日本型企業経営」を吸収しました。

具体的には、「カンバン方式」、「アメーバ経営」、「セル生産方式」、「QCサークル」などが日本から導入されましたが、一番感銘を受けたのが、職務や職種を超えて協力し合う、日本流のチームワークの在り方でした。

これは、あまりにも当たり前すぎて、日本の読者にはピンと来ないでしょう。アメリカの職場では、一人ひとりの「職務記述（Job Description）」が厳密に決められており、それをはみ出して他人の仕事を手伝うことはできません。日本のように、融通無碍に協力し合うことは不可能なのです。

天外自身、かつてアメリカで、コンピュータのＯＳ（ＵＮＩＸ）を開発したことがありました。日本だったら、10人くらいで実行するプロジェクトに80余人ものエンジニアが雇われました。そして、ＯＳ本体の開発チーム、開発ツール担当チーム、評価・認証（validation）チーム、評価ツールの開発チームと細かく分担を分け、それぞれに詳細な職務記述書が用意されたのに驚きました。

マネージャーは、本当に業務の詳細を把握していないと、どういう人を何人雇わなければいけないかがわからず、職務記述書も書けません。日本には、これだけしっかりと職務記述書が書けるマネージャーはいないでしょう。また、日本と違って、たとえばＯＳ（ＵＮＩＸ）の評価ツールのエンジニアを募集すると､ちゃんとその専門家が応募してくることにも驚きました。それぞれの専門性への分業が、はるかに進んでいるのです。

全般的に、アメリカの方がシステマティックで、進行は着実です。ＯＳ本体の開発以上の勢力を、評価ツールの開発に割くことも合理的で、勉強になりました。開発された評価ツールは、その後も成長を続け、ＯＳ本体よりもはるかに巨大なシステムになりましたが、これがビジネス遂行上の強力な武器になったのです。

また、あれから30年近く経過して、ようやく最近日本でも知られるようになってきた「アジャイル」と呼ばれる融通無碍なソフト開発の手法もこのプロジェクトで教わりました。当時の日本では、システマティックな「アジャイル」は皆無だったでしょう。ソニーでも、天才的なプログラマーに皆がついていく、という属人的なソフト開発をやっていました。

当初は、何もかもがアメリカの方が進んでいるな、と感心したのですが、やがて欠点も見えてきました。ひとつのチームが徹夜々々でがんばっているのに、他のチームは暇で遊んでいる、という状態が日常的なのです。だから極端に人数が増えます。人の仕事を手伝うことは職務記述書違反になり、処罰の対象にすらなります。徹夜でがんばっている人たちも、他人からの手助けを一切拒絶します。自分の職務領域が侵害されることは絶対に許さない、という組織文化なのです。

日本のエンジニア集団なら、自分たちで臨機応変にあらゆる職務を分担してこなし、協力し合います。職務記述書などはありませんが、プロジェクトの全貌を全員が共有しています。他人が担当している部分も視野に入れ、自分の担当だけではなく全体の成功のために行動します。だから、アメリカでは80人必要なプロジェクトを10人でこなせるのです。日本の方が、はるかに効率はいいでしょう。

◇大家族主義経営を嫌ったセムラー

このような日米の経営スタイルの違いは、実際にオペレーションをしないと実感できません。経営学者や経営コンサルタントのほとんどは、実務を知らず、文献だけで欧米の経営を学び、指導をしています。その指導がトンチンカンなことは、多くの経営コンサルタントに巨額の金を払って、結局はソニーを凋落に導く指導を受けてしまった顛末を、内側から見ていたので断言できます。その断腸の思いが、私をホワイト企業大賞に駆り立てています。

さて、セムコ社は日本流のフレキシブルなやり方を採用し、職務記述書をはじめとする、あらゆるルールを撤廃しました。職務記述書の撤廃には労組から強い反発がありました。記述された業務以外を拒否する、という戦いの道具になっていたのです。ルールがなくなると、協力関係が復活し、仕事の効率は大幅に向上しました。

セムラーは、企業理念までも撤廃し、すべての判断は社員の常識に任せる、という極端な方針を採りました。これは、いまの先端的な日本企業よりも、むしろはるかに革新的です。

このように、セムラーは日本的経営の良さを認め、それを徹底的に導入していったのですが、反面、当時はまだ一般的だった、闇雲に年長者を尊重する年功序列や、親身になって社員の面倒を見る代わりに滅私奉公を強要する大家族主義経営には嫌悪感をあらわにしています。

これは1980年代、まだ日本では部下に自分より年長者がいると、とてもやりにくいと思われていた時代の話です。大家族主義にもカビ臭い封建時代の名残があったと思われます。さらに、行間を読むと、どうやらブラジルの企業経営にもカビ臭い大家族主義経営が広く普及しており、セムラーがそれに反発していたようです。以下、セムラーの言葉を引用します。

「家父長的慈愛なるものを自慢するボスに限って、ともすれば片手で相手の頭をなで、もうひとつの手で平手打ちを食わせるというのが多い。家父長的経営の下では、従業員は自分の心を職場生活と引き換えに会社にリースしてしまうのを強いられる」（セムラー）

ここで、セムラーの言葉の中に「家父長的」という表現があったことは、天外はすっかり失念しておりましたが、２０１６年７月の西精工訪問の時に「家父長的大家族主義経営」という言葉を思いつく無意識的な下敷きになっていたように思われます。

◇ホワイト企業大賞の方向性

さて、セムラーの目を通しての「日本型企業経営」について述べました。融通無碍に協力し合うフレキシブルなチームワークを称賛し、当時の大家族主義経営には否定的でした。

1章で述べたように、西精工は第3回「ホワイト企業大賞」を受賞されています。「ホワイト企業大賞」では、一般に行われているような詳細な評価基準はありません。「ホワイト企業」とはこういう会社ですよ、という定義はしていないのです。社員に過酷な「ブラック企業」の反対なので、何となく社員を大切にしている会社というイメージを皆が共有しますが、その自然な延長上に下記のような、ほのかな方向性だけを示しています。

ホワイト企業＝社員の幸せ、働きがい、社会貢献を大切にしている企業

詳細な評価基準を設けずに方向性だけを示すということは、評価の公平性を欠くという問題があります。そのかわりに、評価する人たちの枠や思考の限界を超えた突飛な経営をも許容し、これから多様な方向へ発展する可能性に道を開きます。

つまり、評価基準がしっかりしている従来の表彰は、目標を決めて「みんなでこの目標を達成しましょう」という性格で、評価側が指導する立場なのに対して、「ホワイト企業大賞」というのは、「これからまったく新しい経営を探求していきましょう」という未来志向の性格が強いのです。企画委員が指導するというよりは、評価する側があっと驚くような新しい経営が出てきて欲しい、という願望が秘められています。

その背景に何があるかというと、日本における企業経営がどんどん進化して、世界の産業界をリードして欲しい、という期待があります。

天外は現役時代に頻繁に海外に行き、日本社会の民意が世界の先進国の中で群を抜いて高いレベルにある、ということを肌で感じておりました。具体例を挙げると、単位人口当たりの犯罪率をアメリカと比べると、窃盗で1／5、強盗で1／40、強姦で1／365、殺人で1／13

です（２０１４年、国連薬物・犯罪事務所の統計資料）。卑近な例では、財布を落としてもほとんど戻ってくる国は、日本以外にはありません。

こんなに素晴らしい国に住んでいるのに、どうしたことか、ほとんどの日本人はそれを自覚していません。犯罪率は飛躍的に良くなっているのに、社会はどんどん悪くなってきた、と悲観的に捉える人が多いのが現状です。これは、自らの自己否定感を社会に投影している結果です。残念ながら、社会の素晴らしさとは裏腹に、日本人の自己否定感は世界の中でも突出しています（これは教育に原因があります）。

そういう状況の中で、２０１１年3月11日の大震災が起き、極限状態の中で秩序を保ち、譲り合う日本人の姿に世界が驚嘆しました。それ以来、「この国も捨てたものではないな」という意識が少しずつ共有されてきたのは喜ばしいことです。

◇日本の経営が世界をリードする！

さて、これほど素晴らしい社会の中における企業経営なのに、どうしたわけか日本の産業界は目まぐるしく変わる欧米の経営学の流行を、空しく追いかけ続けてきました。それは、実務を知らない経営学者が文献を勉強して「これが最新の経営学だ。お前らは遅れているぞ！」と、脅しの指導をしてきたからに他なりません。自己否定感の強い日本人は、脅しに弱いのです。

脅しに乗った企業は軒並みに凋落に向かいましたが、その頃には経営学者たちはまた次の流行に乗り換えており、「次はこれだぞ！」と別の指導をしています。凋落した企業には知らんぷりです。

「日本の経営者たちよ、そろそろ目を覚まそうじゃないか！」

というのが「ホワイト企業大賞」の基本的なメッセージです。

上記の流行を作っている軽薄な経営学者たちとは違って、ドラッカーは流行とは無関係な普遍的な経営を説いており素晴らしいのですが、いつまでもドラッカーを追いかけていないで、ドラッカーを超える経営を、この日本から発信していこうぜ、という意気込みです。

その方向性を追求していくためには、世界の中で「日本型企業経営」がどう発展してきたかを把握する必要がありそうです。

ところが、私たちが「日本型企業経営」を議論することは容易ではないでしょう。その中にどっぷりつかっている人には、どういう特徴があるのかがわからないからです。人間は空気があることに気づかないし、魚は水の存在に気づけません。たまたま水の外に飛び出した魚だけが、水の存在を意識できます。天外自身もソニーで世界最先端の「フロー経営」が実践されていたことはまったくわかりませんでした。2001年以降、「フロー経営」が破壊され、社内がうつ病だらけの地獄の様相を呈してから、チクセントミハイを知り、井深さんの経営が未来の潮流を先取りしていたことにようやく気づいたのです。

企業経営は、国によってものすごくカルチャーや風土や価値観が違いますが、それは他国に出向いて自分で運営するという体験を積むまでは気づくことはないでしょう。

◇世界が認めた日本型経営

「日本型企業経営」に関して、しっかり把握しようと思ったら、どうしても外からの目を借りなければなりません。その意味では、日本に帰化したアメリカ人経営学者、ジェームス・C・アベグレン（1926-2007）の2冊の著書がとても参考になります。

1冊目は、1958年に刊行された『日本の経営』（ダイヤモンド社）であり、彼はフォード財団の研究員として数年間滞在して書き上げました。この本の中で彼は、アメリカの経営とまったく違う日本の経営の特徴を、次の４つに集約しました。

①終身の関係
②年功序列
③企業内組合
④集団による意思決定

この本はベストセラーになり、今日に至るまで日本企業の経営を表現するときに引用されています。ただし、アベグレンが「終身の関係―lifetime commitment」と表現した内容は、いつの間にか「終身雇用―lifetime employment」と言い換えられ、意味も若干歪んだまま世の中に定着してしまいました。

その後アベグレンは、ボストン・コンサルティング・グループ設立に参加、日本支社長として長らく日本に滞在することになります。１９９７年には日本国籍を取得し、米国籍を棄てて日本人の妻と東京都内で暮らしました。

バブルがはじけ、失われた10年といわれた後の２００４年、アベグレンの2冊目、『新・日本の経営』（日本経済新聞社）が刊行されました。

天外としては、1冊目と2冊目の間に「家父長型大家族主義経営」と「人間性尊重型大家族主義経営」の違いが記述されていることを期待したのですが、残念ながらアベグレンはそれを指摘していません。

むしろ、世の中一般には「終身雇用」が終焉したといわれているが、事実は10年以上勤続している社員の比率も平均勤続年数も伸びており、日本の経営が決して変化していない、という点に力点が置かれています。

日本の経営の特徴が「大家族主義経営」であることは、アベグレンも認めています。アメリカの経営が、利益の極大化や株主の短期的な利益を重視しているのに対して、日本では「**企業**

という家族の長期的な維持と繁栄こそがすべての関係者にとって最大の目標」と記述しています。

ここでは、この2冊を通してアベグレンが指摘している重要なポイントを、2冊目の翻訳者、山岡洋一氏のあとがきから引用します。

「著者のジェームス・アベグレンは研究者として、経営コンサルタントとして、五十年にわたって日本の経営をみてきた立場から、意外な事実をあきらかにしている。日本で成功している企業がじつは、技術面では最新のものを取りいれ開発をしているが、経営組織という面では日本的な価値観を維持している企業だということだ。アメリカで流行している最新の経営手法を逸速くとりいれる企業はスマートでかっこ良く、マスコミでもてはやされるが、ほんとうに業績のいい日本企業は、遅れていてかっこ悪いとされている価値観を、ときには言い訳としか聞こえない理屈をつけてまで、愚直に守り通しているのである。事実は何とも意外なのだ」

『新・日本の経営』(日本経済新聞社)

つまり、日本で企業を経営するときには「日本型経営」をしっかり意識して経営すべきであり、安易にアメリカの流行を追ってはいけない、という警鐘です。

これは、日本の経営は遅れているという錯覚のもとに、アメリカ流の「合理主義経営学」を全面的に取り入れ、ジャック・ウエルチを追いかけたがために凋落していったソニーに身を置いた者としては、まことに耳が痛いコメントです。
そういえば、当時のＣＥＯは「日本型経営」を意識しておらず、長年培ってきた「モノづくり精神」を「時代遅れの伝統芸能だ」とさげすみ、発言はスマートでかっこよく、常にマスコミを意識していたことが思い出されました。

2冊目が刊行されたのは、ソニーショックの直後でしたが、まだソニーの凋落は世の中的には明らかになっておりませんでした。でも、アベグレンは凋落していく日本企業の要因と姿勢を、すべてお見通しだったことが良くわかります。

1冊目が刊行されたのは、まだ日本の産業界が敗戦後の大混乱からようやく脱出した頃でした。この時点で「日本型経営」の本質をとらえ、その素晴らしさを指摘していたアベグレンの眼力は驚嘆に値します。

天外自身も、一度雑誌の対談でアベグレンと語りあったことがあります（何の雑誌だったかは忘れました）。たぶん2冊目の刊行直後だったように記憶しています。その時点では、天外の企業経営に関する認識が浅く、アベグレンがこれほどすごい人物だとはわからなかったことが悔やまれます。

1冊目が刊行された1958年以降、まるでこの本による予言が実現していくように日本の産業は大躍進、驚異の高度成長を経て、戦勝国のイギリス、フランスを抜いてGDP世界2位の経済大国にまで躍り出ました。1979年には、アメリカの社会学者、エズラ・ヴォーゲルによる『ジャパン・アズ・ナンバーワン』が刊行され、アメリカでも日本でもベストセラーになりました。原題には「Lessons for America（アメリカへの教訓）」という言葉がついています。

驚いたアメリカ企業は、あわてて「日本型経営」を研究し、性急に「QCサークル」、「カイゼン」、「カンバン方式の生産」などを取り入れました。もちろん、企業風土の違う中で表面的に導入しても根付くわけはありません。

1990年代に日本経済が低迷すると、今度は「日本型経営」は時代遅れだという認識が一般的になり、上で述べたようにソニーをはじめとする多くの日本企業がアメリカ流の「合理主義経営」に大きく舵を切りました。アベグレンが予言していた通り、舵を切った企業は軒並み凋落へ向かったのです。

それぞれの国は、長年の歴史の中で文化や風土や価値観を熟成してきており、企業経営もその中のひとつの活動に過ぎません。その風土とかけ離れた経営を表面的に導入してもうまくいくわけはないのです。日本の企業は、「日本型経営」をしっかり認識し、それに更なる磨きをかける以外に繁栄の道はないのです。

「ホワイト企業大賞」は、その道を歩む企業を応援していきます。

3章

「Z理論」と「フロー経営」

◇X理論とY理論

前章で紹介した、アベグレンの2冊目の著書で、日本の終身雇用に対しての欧米での評価について次のような記述があります。

「欧米では、ひとつの企業で終身にわたってはたらくという概念は奇妙だという印象をもたれ、うまくいくはずがないとの見方が強かった。昇進と昇給という飴しか使えず、賃金引き下げや降格、解雇の脅しという笞を使えないのであれば、部下の動機づけができるはずがないではないかというわけだ」

『新・日本の経営』（日本経済新聞）

このコメントに対しては、私はふたつの疑問を感じました。ひとつは、はたして終身雇用というのは、日本だけの特徴か、ということです。たしかに、アメリカの企業は、すこし業績が悪くなるとすぐに社員をレイオフすることが多いでしょう。この2冊目の著書でも、レイオフした直後に景気が回復したのだが、元の社員ほどの技能を身につけた社員を雇用することができなかったボーイング社の悲劇が語られています。

しかしながら、アメリカでも老舗といわれるような会社は、そう安易にレイオフはしない企業文化を保持しています。いまではさびれてしまい、トランプ大統領当選の原動力になったデトロイトの自動車産業も、1970年代頃までは、親から孫まで三代にわたって勤務することも珍しくありませんでした。

もうひとつの疑問点は、社員の動機付けに古典的な「飴と鞭」しかないような表現です。この点に関しては、アメリカの経営学者・心理学者、ダグラス・マグレガー（1906-1964）が、「X理論」、「Y理論」として発表しており、アメリカでも広く知られていたはずです。

【X理論】

「人間は本来なまけたがる生き物で、責任をとりたがらず、放っておくと仕事をしなくなる」という考え方。この場合、命令や強制で管理し、目標が達成できなければ懲罰といった、「飴と鞭」による経営手法となる。

【Y理論】

「人間は本来進んで働きたがる生き物で、自己実現のために自ら行動し、進んで問題解決をする」という考え方。この場合、労働者の自主性を尊重する経営手法となり、労働者が高次元欲求を持っている場合有効である。

アベグレンのこの発言は、欧米のほとんどの経営者は、「社員は怠け者で放っておけばさぼる（X理論）」と考えているように聞こえます。たしかに、アメリカの産業界は「飴と鞭」の経営が多く、その傾向は否めません。しかしながら、マクレガー自身は、1960年代のアメリカの産業界を観察して、「もう世の中が変わってきて、X理論は通用しない、これからはY理論の時代だ」といっているのです。

アベグレンの2冊目の著書はそれから40余年を経た2004年に刊行されています。アメリカ社会はさらなる進化を遂げているはずです。アベグレンの上記の発言は、本人の意見というよりはアメリカでの一般的な見方の記述ですが、マグレガーの見解とは相容れません。

◇Z理論とは

マグレガーの「X理論」、「Y理論」は、教え子のアブラハム・マズロー（1908-1970）の「欲求5段階説」をベースに開発されました。マズローは精神を病んだ人を対象とした心理学を離れて、健常な人の精神の発達を研究して「人間性心理学」という新しい分野を開拓した人です。

彼は晩年には、宗教的な神秘体験を研究し、S・グロフとともに「トランスパーソナル心理学」を提唱しました。生涯でふたつの大きな心理学の流れを提唱した稀有な人材です。最晩年に唱えた6番目の欲求「自己超越」を含めて、彼の「欲求6段階説」を次に示します。

マズローの欲求6段階説

① 生理的欲求（Physiological needs）
② 安全の欲求（Safety needs）
③ 社会的欲求／所属と愛の欲求（Social needs / Love and belonging）
④ 承認（尊重）の欲求（Esteem）
⑤ 自己実現の欲求（Self-actualization）
⑥ 自己超越 の欲求（Self-transcendence）

マズローは、人間は低次の欲求が満たされると、より高次の欲求に向かう性向を持っている、といっています。したがってこれは、人の精神の成長モデルでもあります。

マグレガーの「X理論」は、上記の①、②、③のレベルの人に対するマネジメント、「Y理論」は、③、④、⑤のレベルの人を対象にしています。

やがて「Y理論」は万能ではない、という批判が多く聞かれるようになり、マグレガーはその先の〝仮称「Z理論」〟の開発を進めていましたが、未完のまま若い生涯を閉じました（１９６４年）。マズローは、それを引き継ぎ、「X理論」でいう強制的（制度的）要因に方向付けの要因を組み合わせた理論を提唱しました。これも、数ある「Z理論」のひとつでしょう。

この研究をさらに引き継いで完成させたのが、日系三世の経営学者、ウィリアム・G・オオウチ（1943-）であり、1981年に『Z理論（セオリーZ）』を発表しました。

この頃はまだ、素晴らしい躍進を遂げた日本の企業経営の秘密を何とか解き明かそうと、アメリカの経営学者たちがしのぎを削っていました。

彼はまず、日本型経営（J型）とアメリカ型経営（A型）を比較し、日本型経営システムの特徴を7つあげました。

①終身雇用
②遅い人事考課と昇進（役職者になるのに10年等）
③非専門的な昇進コース（結構職場をまわり、ジェネラリストが育成される）
④非明示的な管理機構（評価や意思決定の基準や目標が具体的な形で示されない）
⑤意思決定への参加的アプローチ（重要な決定は稟議等という形態）
⑥集団責任
⑦人に対する全面的な関わり（職場だけでもない人間関係の形成）

ところが、様々なアンケート調査の結果、これらの特徴を有する企業がアメリカの中にも多く存在することを発見しました。そして、「J型」、「A型」とは別に、さらに進化した企業形態として「Z型」を定義しました。

その特徴として、前述の7項目に加えて、以下の3項目が追加されました。

⑧ 信頼
⑨ ゆきとどいた気配り
⑩ 親密さ

Z型の組織のベースは「信頼」なので、上からの管理統制が比較的緩く、社員は自らの考えで自主的に動けるのが特徴だといいます。これは、その後に発展した「フロー経営」の香りが濃厚に漂います。

ソニーは、アメリカ市場を開拓するため、創業者のひとり、盛田昭夫が単身アメリカに乗り込みました。その時に、アメリカの文化、風習、価値観、要人との付き合い方などを徹底的に教え込んだのが、日系三世のカガワという弁護士でした。彼はその後長年にわたってソニーの顧問弁護士を務めたので、天外は何度も親しくお会いしています。

盛田昭夫という日本を代表する国際人を育てた立役者は、カガワ弁護士だったといっても過言ではありません。

これは、非公式な口頭による情報ですが、「Z理論」を発表したオオウチ氏とカガワ弁護士とは仲が良く、盛田昭夫は何度も取材を受けたということです。創業期のソニーの経営が「Z

理論」のモデルのひとつになったのは確かでしょう。

時は下って2003年、ソニーの業績が急落し、日本中の株価がつられて暴落する「ソニーショック」という事件がありました。じつは、その2年前からソニーの内部はうつ病が急増して地獄の様相を呈していました。

天外は、いったい何が起こったのかがわからず、必死に考えていましたが、やがてM・チクセントミハイ（1934-）という心理学者の「フロー理論」で読み解けることがわかり、翌2004年の2月にチクセントミハイの講演をアメリカまで聞きに行きました。講演の冒頭で彼は、「自由闊達にして愉快なる理想工場の建設」というソニーの設立趣意書の一節を示し、「フロー経営」のお手本は創業期のソニーだよ、と語りました。

「Z理論」がソニーをモデルにしたのだとすれば、「フロー経営」の香りがするのは、いわば当然です。

そのソニーに42年間身を置いた天外が、いまこれを書いています。運命の不思議をとても感じます。

4章

人類の進化、社会の進化、企業の進化

◇自我の意識の4つのレベルから経営をひも解く

前章で紹介した、マグレガーの「X理論」、「Y理論」は、人間の意識の成長の段階と企業経営のフィロソフィーの関係を、おそらく経営学としては最初に言及しました。これは画期的なことです。

しかしながら、そこで使われたマズローの欲求5段階説は、人間の欲求の変遷モデルとしては世の中に定着しましたが、意識の成長モデルとしてはいささか粗いように感じられます。

この章では、トランスパーソナル心理学の論客、ケン・ウイルバー（1949-）の意識の成長モデルをベースに企業経営の進化との関連を議論します。彼はその後成長モデルを複雑に発展させて「インテグラル理論」として体系化していますが、ここでは『アートマンプロジェクト』（春秋社、原著は1980年）時点のモデル（K・W・Ⅱ）を、吉福伸逸の訳語で採用します（注：同じケン・ウイルバーの著作でも翻訳者により訳語が異なります）。K・W・Ⅱを採用したのは、単純で説明しやすいことと、「依存」や「シャドーの投影」といった深層心理学のキーワードから企業の進化を読み解きたかったからです。

ウイルバーは、身体から分離した「自我」が発生する以前の意識の発達や、「自我」を超越して仏教でいう「悟り」に向かうプロセスも詳しく論じましたが、ここでは企業経営に密接に関係する自我の4レベル（下記）だけを取り上げましょう。

この4レベルだけに限定すると、ケン・ウイルバーの提案というよりは、フロイト、ユングなどの古典的な深層心理学そのものであり、次のような心理学用語で説明されます。

「イド（エス）」…動物的衝動を含む無意識レベルからの衝動、行動欲求の源。

「超自我」…行動を規制する良心、倫理観、道徳観などの源。当初は親からのしつけなどで形成される。

「ペルソナ（仮面）」…「こうあるべきだ」という自分を育て、具現化した姿。

「シャドー（影）」…「あってはならない」と「ペルソナ」からはみ出した衝動や部分人格をはじめとして、それ以外も含めて無意識レベルに抑圧され、蓄積された巨大なモンスター。

意識の成長プロセス（自我の4階層）

① 初期自我

4歳くらいから、身体から分化した形で自我が立ち上がってくる。このレベルでは「イド」からの衝動がそのまま行動に出る。

②中期自我

7歳くらいになると、親のしつけや社会的な規制から「超自我」が形成され、「イド」からの衝動をコントロールできるようになる。「イド」と「超自我」の葛藤が始まる。大人の世界に対しては、被保護―服従―依存、という関係性がある。

③後期自我

12歳くらいから、反抗期を経て、依存を断ち切って独立した自我を獲得していく。理性でコントロールして、立派な社会人としての「ペルソナ」を演じることができるレベル。「ペルソナ」がしっかりしていればいるほど、「シャドー」も強力に育っている。「ペルソナ」と「シャドー」の分断による闇も深い。「シャドーの投影」による「戦いの人生」を歩みだす。

④成熟した自我

「シャドー」をある程度統合すると、むやみに闘争を仕掛けなくなる。自己顕示欲や装いが減り、自然体になる。自分と意見や価値観が違う人に違和感を持たなくなる。多様性が許容できるレベル。

上記で、7歳、12歳など移行の年齢を記しましたが、これは順調に成長しているケースです。成長しそこなって、アダルト・チルドレンなどと呼ばれる人も少なくありません。大人になっても「初期自我」のレベルにとどまっていると、「エゴ丸出し」の行動をとり、犯罪者や嫌われ者として社会に適合しにくくなる傾向があります。

大人になっても、師匠や伴侶や宗教などにべったりと依存している人は極めて多く見られます。依存が残っていると「中期自我」のレベルにとどまっている、と解釈されます。

会社に対して滅私奉公をするのは、心理学的には会社に依存していることになります。このモデルでいえば「中期自我」です。

昔のマネジメントでは、「知らしむべからず、依らしむべし」という格言がありました。情報を制限し、大局的な判断をできないようにし、依存させろ、という意味です。依存している状態なら、好き勝手に奴隷のようにこき使うことができるでしょう。「中期自我」のレベルを対象とした、人使いのブラックなノウハウです。

依存が残っていると、天外が父親の態度で感じたように「自らの尊厳と価値観を見失い、会社の価値観に飲み込まれていた」ように映ります（22ページ）。あるいは、「先輩たちが創業者の井深さんを宗教的な信仰の対象にしているようで辟易した（27ページ）」という表現にもなります。また、セムラーが家父長型のマネジメントを評した「従業員は自分の心を職場生活と引き換えに会社にリースしてしまう（36ページ）」ということになります。

つまり、「家父長型大家族主義経営」のベースは「依存」であり、「中期自我」のレベルの社員が多いときに良く機能します。

◇日本の高度成長は「中期自我」中心に達成された

ケン・ウイルバーは、社会の進化は、個人の意識レベルの向上に対応しているといっています。宗教が抑圧的に社会を支配した中世は、指導層も含めて圧倒的に宗教に依存する「中期自我」のレベルが多かったでしょう。

近代に入り、宗教になり代わって「理性」が社会の規範になると「後期自我」のレベルの人が社会をリードするようになってきました。それでも一般大衆は、まだ「中期自我」のレベルが多数派でした。

天外がソニーに入社した1964年当時、日本の産業界は圧倒的に、会社べったりで滅私奉公する人であふれていました。「中期自我」のレベルの比率がとても高かったのでしょう。会社側も、少々強引なマネジメントをしても、社員はついていきました。

ソニーでも、「ナマヅメ・プロジェクト」というのがよく実行されました。生爪をはがすような痛みを伴う、大変なプロジェクトという意味です。

ただ、その時社員は不幸だったかというと、そんなことはないように思います。傍目には「ブラック」に見えるかもしれませんが、本人たちは嬉々として困難な仕事に取り組んでいました。

日本の高度成長は、依存の残った「中期自我」のレベルの社員を中心とした「家父長型大家族主義経営」が中心になって達成した、といっても間違いではないでしょう。

「家父長型」そのものは、決して否定されるべき経営ではないのです。

「家父長型大家族主義経営」の最も極端な例は、やくざ組織でしょう。人生、行き場を失ったような組員の面倒を徹底的に見る代わりに、組員は組のため、あるいは親分のためなら、命も惜しまないという組織です。

これは、典型的な「中期自我」のレベルを中心とした組織といえます。親分の方も、依存されることに依存している（共依存）ので、「中期自我」のレベルのことが多いでしょう。

◇ホワイト企業の自我のレベルは？

ホワイト企業大賞では、ホワイト企業の成長していく方向性を、簡単に「社員の幸せと働きがい、社会貢献を大切にしている企業」と定めました（2章）。

もし「清水の次郎長一家」が応募してきたら、どうなるでしょうか？　ひょっとすると何らかの賞をとるかもしれません。大政、小政をはじめとする子分たちは、次郎長のためなら命も惜しまず、次郎長も子分想いで有名でした。固い絆で結ばれた活気のある集団なので、「ホワイト企業指数」はいい点数を取るでしょう。やくざ組織にとって「社会貢献」は微妙ですが、次郎長は晩年には清水港の開港などの社会問題にも取り組んでいました。それが評価されるかもしれません。

ということは、「ホワイト企業大賞」は、「家父長型大家族主義経営」を排除しておらず、社員の意識レベルに関係しないということです。さすがに、大人の「初期自我」はちょっと困りますが、「中期自我」だろうが「後期自我」だろうが、一切関知しません。それぞれの意識レベルに合わせた「幸せ」と「働きがい」が追求されていれば、それで良しとします。

ただ、次郎長が活躍した幕末から、もう150年もたっています。おまけに日本は明治維新と終戦という、ふたつの大きな節目を超えてきました。社会は大きく変わっており、いまでは「次郎長一家」のような企業経営はむしろ少なくなっているでしょう。これが企業の進化です。

ケン・ウイルバーは、ひとりの人間が生まれてから死ぬまでの意識の成長と、人類の長い歴史における精神的な進化の階層構造が一致しており、それが社会の進化に対応している、という説を唱えました（ウイルバー以前に、発達心理学を開拓したジャン・ピアジェなどが同じことを説いています）。

一人ひとりの意識レベルも一生の間に成長しますが、人類全体としても同じ階層構造をたどって長い年月をかけて進化し、いずれは全員がキリストや仏陀の意識レベルに到達するという仮説です。

「悟り」に至る道筋は宗教家たちの議論にまかせることにして、本書では差し迫った企業経営の問題としては「中期自我」、「後期自我」、「成熟した自我」の3つだけに絞って検討します。

その順番に成長するのだとしたら、社会の進化とともに「中期自我」の人口比率はどんどん下がっていくはずです。

そう思って、日本の産業界を眺めれば、たしかに、ここ50年で滅私奉公する人の数は極端に減っています。「自らの尊厳と価値観に目覚め、会社の価値観に飲み込まれない人」が、明らかに増えています。人類はやはり進化しているのでしょう。

◇「シャドー」の投影」による戦いとは？

さて、「中期自我」から「後期自我」に、意識レベルが成長するとどうなるでしょうか。先述したように、依存がなくなり、「自らの尊厳と価値観に目覚める」のですが、まだまだ「シャドー」のモンスターが強力に暴れています。

「シャドー」というのは、立派な社会人としての「ペルソナ」を形成するときに「あってはならない」と抑圧した衝動などが中心になっているので、「反社会的」、「非倫理的」である傾向があります。それがモンスター化しているのですが、無意識レベルに抑圧されているために本人は意識できません。

「シャドー」からもふつふつと衝動が湧き上がってきますが、それは本来「あってはならない」衝動だったわけで、本人も気づかぬうちに無意識レベルで再び抑圧されます。しかしながら、そこはかとない不快感だけは意識レベルまで上がってきます。そうすると人は、その不快感をなにものかに「投影（Projection）」します。つまり、何か外側にこの不快感の原因を捏造して、無意識のうちに理由付けをし、戦うことで精神の安定を得ようとするのです。
一番直接的な「投影」は、邪悪な敵を探し出して戦いを挑むことです。世の中のあらゆる戦い、戦争も訴訟もすべて「シャドーの投影」がベースになっています。

戦いを挑むとき、「こうあるべきだ」という「ペルソナ」を自分のサイドに置き、「あってはならない」という反社会的な「シャドー」を相手に投影するので、戦いというのは、どちらサイドから見ても必ず「正義の戦い」になります。
本来は、自分の内側の「ペルソナ」と「シャドー」の戦いなのですが、いつの間にか、社会のために、人々のために、未来の子どもたちのために、邪悪な敵を殲滅する「正義の戦い」に化けてしまうのです。このようなメカニズムが必ず背後にあるので、世の中、「正義の戦い」ほど始末の悪いものはありません。

心理学の分野で、「シャドーの投影」の例として有名なのは、中世の魔女狩りです。中心となった聖職者は、「いい人」を演じなければならず、「ペルソナ」が強力なだけに「シャドー」の闇も深くなります。そうすると、自分の不快感を説明するため「悪魔と通じて、人類全体に害毒を及ぼす邪悪な魔女」という存在を捏造してしまうのです。そして、５００年以上にわたって、数百万（数万人という説もある）ともいわれる罪のない人々が魔女の汚名を着せられて、神の名において虐殺されました。
　本来は自分の中の戦いなので、外側に邪悪な敵を捏造し、何百万人虐殺しても解決に向かうことはありません。

　最近の例では、イスラム過激派による「自爆テロ」と、それに対抗する「テロとの戦い」もあります。イスラム原理主義から見れば、アメリカをはじめとする西欧諸国は、パレスチナの同胞を含めてイスラム教徒を迫害する邪悪な異教徒であり、ジハード（聖戦）で殲滅すべき悪魔の手先となります。
　反対側からは、イスラム過激派は文明国に理不尽な攻撃を仕掛けてくる邪悪な存在に見えます。お互いに「シャドーの投影」による「正義の戦い」で邪悪な敵を殲滅しようと、空しく終わりのない戦いに没頭しています。

「後期自我」という意識のレベルは、一見「立派な社会人」を演じているし、社会的な成功者が多いし、ルールを守り、礼儀もわきまえており、優しく、思いやりもある良き隣人なのです。ところが、「シャドーの投影」というメカニズムにより、後の時代から見るととんでもないことを「正義の戦い」として平気で実行してしまうレベルでもあります。

「シャドーの投影」による戦いは、「ペルソナ」を守るため、どうしても正義の看板が欲しくなります。そのため、往々にして「平和運動」や「環境運動」に姿を変えます。したがって、戦いを求めて「平和運動」に走る、というまったく矛盾した行動が見られます。平和運動団体同士が、仲が悪いのはそのためです。

「後期自我」のレベルの人は、すべての状況を「正義：悪」というパターンに落とし込んで解釈します。その解釈は常に戦いや争いを生みます。

「シャドーの投影」による戦いは、敵との実際の戦いだけとは限りません。成功を目指して、社会の中でのし上がっていくのも立派な戦いです。「後期自我」が多いと、皆が成功を目指すので、すさまじい競争社会になります。「中期自我」の比率が下がり、「後期自我」が増えることは、明らかに社会の進歩なのですが、それにより世の中の競争が激化することは避けられません。

過去50年間、日本の社会は受験戦争が激化してきましたが、主として親の世代が「後期自我」に成長してきた証拠でしょう。最近は、その傾向がまたちょっと変わってきましたが、それは社会がさらに進化しているからです。

◇「真我のエネルギー」が使えるようになる「成熟した自我」

「シャドーの投影」のネガティブな面だけを書いてきましたが、個人が実社会で活躍し、のし上がっていくためには、これはむしろ有効な武器になります。とても強力なエネルギーを生むので、上手に使えば成功に向かう戦いの勝者になれるのです。

天外塾を始めて13年、おびただしい数の経営者に接してきましたが、ほとんどの塾生が「後期自我」のレベルで「シャドーの投影」を戦いのエネルギーに昇華して成功してこられた方です。

いままでの社会常識、あるいは経営学では、創業するか、引き継いで経営のトップに上り詰めるかして、企業の業績を上げることができれば、「それでよし」とされてきました。それ以上は望まれていないのです。

その意味では、天外塾を受講するような人達は、ほとんどがそのレベルまで達しています。天外塾の塾生の90%以上は、他の経営塾で目標にするレベルを超えているのです。

それでは、天外塾では何をお伝えしているかというと、社員が活性化して生き生きと自主的に動き出す「フロー経営」であり、単に業績を向上するための方法論ではありません。

じつは、「後期自我」のレベルの経営者は、「管理型経営」はできても、すべてを現場に任せてしまう「フロー経営」は実行できません。

なぜかというと、「後期自我」の人生は「戦い」が主体なので、**自分が先頭に立って戦っていないと、精神が不安定になってしまう**からです。おっかなびっくり下にまかせても、「コントロール願望」が残ったままなので、結局うまくいきません。
「フロー経営」に移行しようと思ったら、「ドンッ!!」と腹をくくって任せることが必要です。その時にはシャドーの戦いのエネルギーが邪魔になります。どうしても、その次の「成熟した自我」のレベルに移行することが求められるのです。

「後期自我」の経営者が「フロー経営」を学んだとき、最初の反応は「それは優秀な社員がそろっているソニーさんだからできる方法論でしょう」です。自分のところの社員は、残念ながらあまり優秀ではなく、任せてうまくいくとはとても思えない、失敗して責任だけ取らされるのはかなわない、というのです。

上で述べたように、おっかなびっくり任せてもうまくいかず、「ほら、やっぱりダメだった」となります。たしかに、全部自分で切り回してきたので、自分の方が部下より力はついているでしょう。じつは、任せてこなかったから部下が育っていないのですが、それには気づきません。

当初は、あらゆるところに「任せてうまくいかなかったら大変だ」という不安と怖れが表現されます。ところが、様々な瞑想ワークなどを通じて、葛藤が解消されてくると、やがてそれとは逆の**「もし、任せてうまくいってしまったら大変だ」**という、より本質的な不安と怖れが頭をもたげてきます。**自分が関与しなくてもうまくいってしまうと、自分の存在価値がなくなる**、という怖れです。

これが、シャドーを源として戦いに駆り立てている根源的なエネルギーの中心であり、その人のすべての行動のベースになっています。この怖れが見えてきたら、ようやくシャドーの統合のプロセスに入れます。

逆にいうと「任せてうまくいかなかったら大変だ」という怖れしか見えていない間は、何をやっても「フロー経営」には向かえません。

シャドーが統合されて、戦いのエネルギーが弱くなると企業経営ができなくなるのではないか、と心配する人も多いのですが、それには及びません。モンスターがおとなしくなると、その下でいままで眠っていた「真我（アートマン）」が目覚めてきます。「真我」のエネルギーは、モンスターの戦いのエネルギーほど粗く激しくはないですが、慈愛にあふれ、静かな底力を発揮します。

「真我」のエネルギーをしっかり使えるようになった状態が「成熟した自我」です。その状態は、自己顕示欲が極端に低下しているのですぐにわかります。

◇名経営者はどのように生まれるのか

天外塾では、塾生が「成熟した自我」へ成長するお手伝いをしていますが、世の中の名経営者といわれるような人は、自然にそのレベルまで成長しています。成長するきっかけを調べてみると、次の3つに集約されることがわかりました。

名経営者はどのようにして生まれるのか

①死と直面する（実存的変容＝重篤な病気を克服する、あるいは倒産、離婚、リストラ、親しい人の死などで疑似的な死を体験する）
②幼少期に「無条件の受容」を体験
③明け渡し

文明人は例外なく「死」を抑圧して生きています。そうすると「死の恐怖」が抑圧されて、無意識レベルでモンスターに育っており、シャドーと一体化しています。「意識の変容」というのは、姿かたちは変わりませんが、精神的には「蛹」が「蝶」になるような大きな変容です。そうすると、「蛹」は自分が死ぬのではないかと錯覚して、怖れから必死に抵抗して変容にブレーキをかけてしまいます。これは無意識レベルの動きなので、本人はブレーキをかけたことに気づきません。

重篤な病気になると、本人は初めて「死の恐怖」を感じたように思いますが、実態は無意識レベルに巨大なモンスターとして隠れていた「死の恐怖」が、等身大になって目の前に現れただけです。巨大なモンスターより、等身大の「死の恐怖」の方が、はるかに乗り越えやすいので、

「意識の変容」を起こしやすくなります。あるいは、倒産、離婚、リストラ、親しい人の死など、心理学で疑似的な死といわれる体験をしても実存的変容に向かうことがあります。これが①です。

このパターンは、死病といわれた頃の結核を克服された稲盛和夫さん、塚越寛さん（伊那食品工業）、末期ガンから生還された川畑保夫さん（沖縄教育出版）などがよく知られています。

本書の共著者、西泰宏さんも西精工に戻ってすぐに腎臓を悪くし、ネフローゼを発症して1年間休職しておられます（5章参照）。おそらくこのパターンでしょう。

この後に、そういう名前がない時代からティール型の組織運営を実行してきた武井浩三さんをご紹介しますが、彼はダイヤモンドメディアを起業する前に、倒産を経験しておられます。おそらくその時に実存的変容を起こしたと推定されます。

人間は誰しもが母親の子宮を強制的に追い出されたというトラウマを負っていることを、フロイトの弟子のオットー・ランクが発見しました。これを「バーストラウマ」と呼び、人間の根源的な自己否定感の源泉であることがわかっています。

キリスト教では、人間はエデンの園にいた頃、神の言いつけに背いてリンゴを食べてしまったので、誰しもが生まれながらに罪（原罪）を負っていると教えています。心理学者たちは、「原罪」とは「バーストラウマ」のことだ、と解釈しています。

「バーストラウマ」も、無意識レベルに潜む強力なモンスターであり、戦いのエネルギーの源泉です。幼少期に「無条件の受容」を体験していると、この「バーストラウマ」のモンスターがおとなしくなり、「真我」のエネルギーが使えるようになっていきます。それが②です。

第1回ホワイト企業大賞を受賞されたネッツトヨタ南国の創業者、横田英毅さん、未来工業の創業者、故・山田昭男さんなどがこのパターンです。横田さんは祖父に、山田さんは母親に「無条件の受容」を受けておられました。詳細は拙著『教えないから人が育つ：横田英毅のリーダー学』、『日本一労働時間の短い〝超ホワイト企業〟は利益率業界一！：山田昭男のリーダー学』（いずれも講談社）などをご参照ください。

江戸時代末期から、明治の初めにかけて主として浄土真宗の信徒に「妙好人《みょうこうにん》」と呼ばれる人が多く出ました。ほとんどが文字も書けないお百姓さんや下駄職人でしたが、何も考えずに「南無阿弥陀仏」と唱えているうちに悟りを開いてしまったという人たちです。自らを阿弥陀如来に明け渡してしまった結果、「真我」のエネルギーが目覚めたということでしょう。

著名な経営者では、ちょっと見当たりませんが、天外塾の塾生では何人か出ています。ほとんどがキリスト教の熱心な信者で、神に自らを明け渡した結果ですが、第4回ホワイト企業大賞特別賞「明け渡し経営賞」を受賞された「ご縁の杜　湯河原リトリート」の女将、深澤里奈子さんは宗教とは無関係に、天外塾の瞑想ワークで「明け渡し」を達成されました。「明け渡し」が起きると、一切の不安がなくなり、共時性（シンクロニシティ）、偶然の幸運（セレンディピティ）などが頻繁に起こり、宇宙の流れに乗ってすべてがうまくいくのが特徴です。

無意識層に巣くうモンスターたち

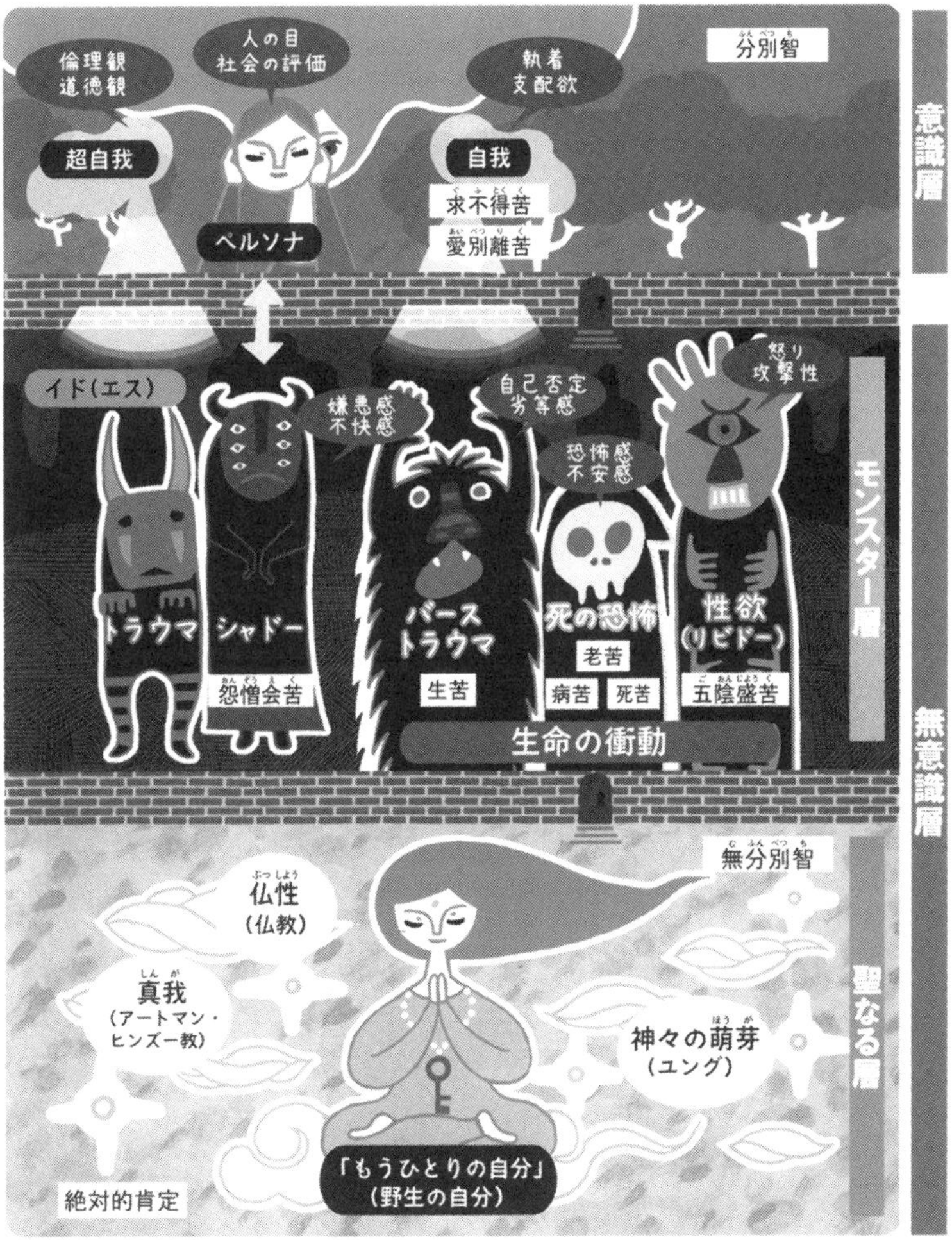

天外伺朗著『問題解決のための瞑想法』(マキノ出版)より

詳細は拙著『無分別智医療の時代へ』（内外出版社）の15章をご参照ください。これが③です。

◇大家族主義経営の分類

さて、人間の意識の成長モデルと名経営者の生まれるパターンについて述べました。これらのベースになっている人間の深層心理の構造を漫画的に示した図を載せましょう。

狭義のシャドーは、自分でこうあるべきだという自己イメージ「ペルソナ」を形成する時に、あってはならないと抑圧してモンスター化した部分人格や衝動ですが、実際にはバーストラウマや死の恐怖を含む多くのモンスターが溶け合ってぐちゃぐちゃになっています。したがって、多くの心理学者は無意識レベルに潜む様々なモンスター全体をシャドーと呼んでいます。これが広義のシャドーです。本書でも狭義と広義の両方の意味でこの言葉を使っていますのでご了承ください。

社会の進化という意味では、北朝鮮や中国や多くのイスラム教国は、いま「中期自我」から「後期自我」へと向かっています。それに対して日本は、もう一歩進んで「後期自我」から「成熟した自我」への変容の途上にあるようです。

東日本大震災のボランティアにいった若者たちと話していると、自己顕示欲がほとんどないのに驚かされました。日本社会は、若者から「成熟した自我」の比率がどんどん上がってきて

「家父長型大家族主義経営」の三態

組織のスタイル	経営者のレベル	社員のレベル
① やくざ型組織	中期自我	中期自我
② 管理型経営	後期自我	中期自我
③ フロー経営	成熟した自我	中期自我

「人間性尊重型大家族主義経営」の三態

組織のスタイル	経営者のレベル	社員のレベル
④ 管理型経営	後期自我	後期自我
⑤ フロー経営	成熟した自我	後期自我
⑥ ティール型組織	成熟した自我	成熟した自我

います。

人類の進化は、誰も止めることはできません。これから、ますます「中期自我」の人口比率が下がり、「成熟した自我」の比率が上がっていくでしょう。その進化のプロセスは、日本社会は先進国の中で圧倒的に進んでいると思われます。

本書の基本テーマである「家父長型大家族主義」から「人間性尊重型大家族主義」への移行は企業の進化ですが、それは人類の進化、社会の進化に沿った必然的な現象です。

73ページに、大変模型的ですが「家父長型大家族主義経営」と「人間尊重型大家族主義経営」の三態をそれぞれ示します。

西精工は、このうちの⑤でしょう。

ティール型組織に関してはこの後で解説しますが、本来は「経営者」、「社員」といった区別のない組織を指します。しかしながら、実際に実現されたティール型組織では、必ず中心人物がいます。それは、いままでの経営者像とはちょっと違いますが、ファシリテーター型、もしくは精神的支柱として組織を支えています。

私は、そういう役割を「CSO=Chief Spiritual Officer」と呼んでいます。実務を直接的に指導することはないけれど、フィロソフィーの面で中心的な役割を担っているのです。上記のティール型組織における経営者は、そういう意味だとご理解ください。

◇個人の意識の成長モデルから組織の成長モデルへ

さて、ケン・ウイルバーによる意識の成長モデル（K・W・Ⅱ）に基づいて、「初期自我」、「中期自我」、「後期自我」、「成熟した自我」などについて解説し、それと組織のありようや経営スタイルとの関係を論じてきました。

一方、これより少し詳しい成長モデル「スパイラル・ダイナミクス」を、クレア・グレイブス（1914-1986）やダン・ベックなどが提唱しました。ケン・ウイルバーも、その著書『万物の理論』（トランスビュー）で、その概略を紹介しています。

このモデルは、ジャン・ピアジェやケン・ウイルバーと同じく、人類の長い進化の歴史の中における意識の進化と、個人の意識の成長が同じ階層構造をたどることがベースになっています。また、それぞれの階層を色で表現していることが特徴です。色はその人のオーラの色に対応しているといわれていますが、文献にはその記述はありません。次ページに、その一覧を示します。

このモデルの詳細な説明は本書では省略いたしますが、興味ある方は、天外伺朗・瀬名秀明著『心と脳の正体に迫る』（ＰＨＰ研究所）などをご参照ください。

スパイラル・ダイナミクスの概念

第一層の思考　生存のレベル	1	ベージュ	**●古層的／本能的：基本的な生存のレベル** 食物、水、温度、性、安全性が優先される。習慣や本能は生き延びるためだけに用いられる。はっきり区別できる自己は目覚めていない。生き延びるための群れを形成する。 **【見られるところ】成人人口の 0.1%、指導者層の 0％** 原始的人間社会、新生児、重度認知症の老人層、最終段階にあるアルツハイマー病患者、精神を病んだ浮浪者、飢えた大衆
	2	パープル （紫）	**●呪術的／アニミズム的：アニミズム的思考** 民族的な部族を形成。精神は先祖の中にあり、部族に結びついている。親族と血族が政治的な結びつきを形成する。 **【見られるところ】成人人口の 10%、指導者層の 1％** ブードゥー教のような呪いへの信仰、血の誓い、古層的な怨恨、幸運のお守り、家族のしきたり、呪術的な民族的信仰と迷信、第三世界の環境、ギャング、スポーツチーム
	3	レッド （赤）	**●力の神々：部族から区別された自己の最初の創発** 力に満ち、衝動的、エゴ中心的、英雄的。服従と労働の引き換えに家来を守る封建領主。世界は脅威と略奪に満ちたジャングル。後悔や良心のとがめなしに自己を楽しむ。 **【見られるところ】成人人口の 20%、指導者層の 5％** 反抗的な若者、開拓者のメンタリティ、封建的な王国、叙事詩の英雄、映画『007』の悪役、ギャングのリーダー、ニューエイジのナルシシズム、ワイルドなロックスター
	4	ブルー （青）	**●神話的秩序** 古代的国家の基礎。固定的な社会階層。規範に従うことは信仰深い人々に報いをもたらす。規範・規則への違反は過酷で、永久追放などになることもある。衝動性は罪悪感によってコントロールされる。 **【見られるところ】成人人口の 40%、指導者層の 30%** ピューリタン時代のアメリカ、儒教時代の中国、ディケンズ時代のイギリス、全体主義、キリスト教・イスラム教などの原理主義、ボーイスカウト・ガールスカウト、父権主義
	5	オレンジ	**●科学的な達成** 法人型国家の基礎。自己は群集心理から逃れ、科学的な角度から真理と意味を探究する。達成指向で、特にアメリカでは物質的な獲得に向かう。科学の法則が、政治、経済などを支配。個人の利益戦略のために地球資源を操作する。 **【見られるところ】成人人口の 30%、指導者層の 50%** 啓蒙主義、ウォール街、中産階級、化粧品産業、トロフィー獲得合戦、植民地主義、冷戦、ファッション産業、物質主義、世俗的なヒューマニズム、自由主義的な自己への関心

	6	グリーン （緑）	**●感受性豊かな自己：共同体主義者、人間の絆、エコロジー指向、ネットワーキング** 人間精神は、貪欲さやドグマ（教義）から自由にならなければならない。フィーリングや優しさが合理性に取って代わる。ヒエラルキーへの反対。調停と合意によって決定に到達する。地球とそこに住むものすべてへの強い温かい愛情、感受性、気遣いを示す。 **【見られるところ】成人人口の 10%、指導者層の 15%** ディープ・エコロジー、ポストモダニズム、オランダの理想主義、人間性心理学、世界教会会議、グリーンピース、動物の権利保護運動、ポスト植民地主義、政治的正義、人権論争、環境心理学
第二層の思考　存在のレベル	7	イエロー （黄）	**●統合的** 生命は、自然な階層、システム、形式の万華鏡。流動性、自発性、機能性を重視。知識と遂行能力が、権力、地位、集団的な感性に取って代わる。 **【見られるところ】成人人口の 1%、指導者層の 5 %** 世界の秩序は、ダイナミックなラセンの上下運動のパターン。文化的遺伝子（ミーム）の理論。良い政治は、入れ子状の階層の複雑性を通してあらわれてくるものを促進
	8	ターコイズ （トルコ青）	**●全体論的：普遍的なホリスティック・システム、統合的なエネルギーのホロン／波** 普遍的な秩序があるが、それは生きた、意識的なかたちのもので、ブルーのように外面的な法則に基づいたものでも、グリーンのように集団に固着したものでもない。ハーモニー、神秘的な力、どんな組織にも行き渡っている浸透する流れの状態を見抜く。 **【見られるところ】成人人口の 0.1%、指導者層の 1%** トランスパーソナル心理学の成長、カオスと複雑性理論、統合的・ホリスティックな思考システム、テイヤール・ド・シャルダンのヌースフィア（心圏）
	9	コーラル （珊瑚色）	**●ホロニック** すべてのものには「部分性」と「全体性」が存在する

天外伺朗、瀬名秀明共著『心と脳の正体に迫る』（PHP 研究所）より

ただ一点だけ注目していただきたいのは、「1．ベージュ」～「6．グリーン」までを「第1層の思考、生存のレベル」と呼び、それ以降の、「7．イエロー」、「8．ターコイズ」、「9．コーラル」などを「第2層の思考、存在のレベル」と呼んでいることです。

この第1層と第2層の差が、先ほど述べた「後期自我」と「成熟した自我」の差であり、（広義の）シャドーの統合であり、また「実存的変容」です。天外塾では、向かうべきマネジメント・スタイルを「存在のマネジメント」と呼んでいますが、スパイラル・ダイナミクスとも良く対応しています。

スパイラル・ダイナミクスは個人の意識の成長モデルですが、これを参考にフレデリック・ラルーは組織の成長・進化のモデルを提案し、『ティール組織　マネジメントの常識を覆す次世代型組織の出現』（英治出版）という本を著しました。これも同じように各階層レベルを色で表現しています。

フレデリック・ラルーの提唱する組織の成長・進化の階層構造

①無色

血縁関係中心の小集団。10数人程度。「自己と他者」「自己と環境」という区別がない。

②マゼンタ（神秘的）
数百人の人々で構成される部族へ拡大。自己と他者の区別が始まるが、世界の中心は自分。物事の因果関係の理解が不十分で神秘的。

③レッド（衝動型）
組織生活の最初の形態。数百人から数万人の規模へ。力、恐怖による支配。マフィア、ギャングなど。自他の区分、単純な因果関係の理解により分業が成立。

④アンバー（順応型）
部族社会から農業、国家、文明、官僚制度の時代へ。時間の流れによる因果関係を理解し、計画が可能に。規則、規律、規範による階層構造の誕生。教会や軍隊。

⑤オレンジ（達成型）
科学技術の発展と、イノベーション、起業家精神の時代へ。「命令と統制」から「予測と統制」、実力主義の誕生。効率的で複雑な階層組織。多国籍企業。

⑥グリーン（多元型）
多様性と平等と文化を重視するコミュニティ型組織の時代へ。ボトムアップの意思決定。多数のステークホルダー。

⑦ティール（進化型）
変化の激しい時代における生命体型組織の時代へ。自主経営（セルフマネジメント）、全体性（ホールネス）、存在目的を重視する独自の慣行。

F・ラルーも、個人の意識の成長が組織の進化を支えていることに言及しています。以下、引用します。

「自分の欲求を衝動的に満たそうとする状態をうまく抑えられるような慣行や仕組みを習得すると、レッド（衝動型）からアンバー（順応型）に移行する。また、自分の属する集団の決まり事を拒否するようになると、アンバー（順応型）からオレンジ（達成型）に移行する。私たちが自分自身のエゴから自らを切り離せるようになると、ティール（進化型）への移行が起こる。自分のエゴを一定の距離を置いて眺めると、その恐れ、野心、願望がいかに自分の人生を突き動かしているかが見えてくる。支配したい、自分を好ましく見せたい、周囲になじみたいといった欲求を最小化する術を得る。（中略）恐れに置き換わるものは何だろう？ **人生の豊かさを信頼する能力だ**」

F・ラルー『ティール組織』（英治出版）

これは私が「初期自我」、「中期自我」、「後期自我」、「成熟した自我」などの用語で説明した内容と寸分違いません（両者ともケン・ウイルバーをベースにしているので当然）。上記に私が示した企業の階層的な分類では、経営者と社員それぞれの意識レベルの違いを分けて、さらに細かく分類しました。

また、F・ラルーが「恐れ」から「信頼」へ、といった内容を、私は「モンスター（葛藤）

のエネルギー」から「真我のエネルギー」へと表現しました。

さてそれでは、本書の中心課題の「家父長型大家族主義経営」と「人間性尊重型大家族主義経営」は、F・ラルーの階層構造の中でどこに位置づけされるでしょうか。「家父長的な権威主義」という言葉は、アンバー（順応型）の記述に見られます（『ティール組織』51ページ）。しかしながら、日本における「家父長型大家族主義経営」が、F・ラルーの記述するアンバー（順応型）だったかというと、首をかしげざるを得ません。

日本には昔から、実務家がうまく上長を立てながら実務を取り仕切り、上長は愛嬌で組織を収める、という独特の組織文化がありました。これは個人差があり、経営学者がいくら調査をしてもわからないでしょう。

そういう意味では、「人間性尊重型大家族主義経営」は、ほぼグリーン（多元型）に分類されますが、「家父長型大家族主義経営」はグリーン（多元型）、オレンジ（達成型）がミックスしており、部門によってはアンバー（順応型）的要素もある、といったところでしょうか。

一般に日本の企業経営においては、たとえ表面上はピラミッド型組織構造であっても、純粋にオレンジ（達成型）ではなく、部門によっては実質的にはグリーン（多元型）もしくはティール（進化型）と同じような雰囲気がありえるように思います。

後で述べるように、創業期のソニーはごく普通のピラミッド型の組織構造でしたが、創業者の井深大さんがリーダーシップをとっている間は、明らかに進化型（ティール）の雰囲気の部門が多くありました。

ところが、ソニーは経営者が代わり、アメリカ流の合理主義経営《どちらかというとオレンジ（達成型）》を導入した結果、あっという間にオレンジ（達成型）から部分的にはアンバー（順応型）まで退行して、その後20年にわたって凋落から抜け出せませんでした。

その意味では、企業文化を維持発展させるためには、経営者の個人的な仁徳でいい経営を行うのではなく、経営者が代わっても組織文化が維持される構造的な仕組み、意識レベルの低い人がリーダーシップを取らないようにする仕組みなどが必要です。これは、今後私たちが工夫していかなければいけない課題でしょう。

◇不良社員たちがティールを語った

「ティール型組織」の詳しい解説は、また稿を改めて書きます。ただし、ホワイト企業大賞の第3回を受賞された「ダイヤモンドメディア」の武井浩三さん、第4回を受賞された「森へ」の山田博さんなどは、誰に教わったわけでもなく、自ら工夫してティール型組織運営をされてきました。武井さんは、まだティールという言葉がない頃には、「日本流ホラクラシー」と称していました。

「ダイヤモンドメディア」の経営に関しては、前野隆司、小森谷浩志、天外伺朗共著『幸福学×経営学　次世代日本型組織が世界を変える』（内外出版社）で紹介いたしましたのでご参照ください。

ホワイト企業大賞は、多様な経営をプロモートしていきますが、ティールもその視座の中にすでに入っています。

さて、『ティール組織』という本ですが、この道の第一人者、嘉村賢州さんが書いておられる解説文に次のような文章があります。

「日本はさらにティール（進化型）のモデルを進化させる可能性さえあると感じるのだ。それはすでに紹介した日本にも現れ始めている様々な先進的企業を見ても理解できるし、過去の日本企業の歴史を見ても感じることはできる。元ソニー取締役の天外伺朗さんにティール（進化型）のコンセプトを紹介したとき､昔のソニーこそまさにそういう文化だったとおっしゃった」

じつは、元ソニーの仲間たち（私たちは敬意をこめて「不良社員」と呼びます。拙著『人材は「不良社員」からさがせ』（講談社）を参照のこと）と食事をしているとき、たまたまそのレストランに嘉村賢州さんが入ってこられました。

まだ『ティール組織』の出版前でしたが、嘉村さんが解説を書いていることは知っていました。そこで耳慣れないティールについてちょっと解説してよ、とお願いしました。そうしたら、不良社員どもが口々に「なんだ、そんなことは、俺たちははるか昔から実行していたよ」といいだしました。そのエピソードを嘉村さんがいち早くこの本の解説に盛り込んだのです。

たしかに、昔のソニーは担当者が上司を無視することが当たり前でしたので、実質的にはティール組織とよく似た雰囲気だったかもしれません。ソニー語録の中には「面白い商品を考え付いたら上司に内緒で物を作れ」とか、「失敗したら闇から闇へ葬れ」などというのもありました（この語録をまとめて公表したのは副社長です）。

私が、ホラクラシーやティールにまったく違和感を覚えないのは、そのカルチャーが身体にしみこんでいるからでしょう。

「人間性尊重型大家族主義経営」と「ティール型組織」と、ホワイト企業大賞で推進すべき新しい経営の方向性がふたつ見えてきました。

第2部　実践編　西　泰宏

5章

帰郷すると、そこは「暗い会社」だった

◇突然の帰郷命令

僕が東京から故郷の徳島に帰ってきたのは、ちょうど20年前。父親の兄弟3人で経営している、西精工という会社に入るためです。東京での仕事が、嫌になったわけではありません。大学を出てから大手広告代理店に入り、充実した毎日でした。自分が志望した業界に入りましたから、せっかく一度きりの人生、仕事を楽しまなかったら損だと、がむしゃらに働き、本当に楽しく忙しく毎日を過ごしていました。会社のふたつ後輩と結婚し、東京でずっと働くはずでした。

就職活動中は、親父に念押しをしていたほどです。

「徳島に戻らなくていいよね。好きな業界で働いていいんだよね？」

親父は「いいよ」と。しかし、間を置いて「いずれ帰って来いよ」とひと言付け加えました。今でも覚えています。「いずれ帰って来いよ」……、いずれってなんだろう。介護が必要になったらかな？　その言葉は頭の片隅に残りました。

徳島に帰ることが決まった時に、僕は「なんの仕事をするんですか？」と、当時社長の父に聞きましたが、「自分で考えろ」と、そっけない返事です。

しかし、その時は、東京から徳島にどうしても帰らなければならない理由がありました。西精工の後継候補だった従兄が亡くなったのです。

西精工はねじ（ナット）を主軸に、おもに自動車の部品を作っている会社です。創業者は僕の祖父の西卯次八。大正12（1923）年、ボルトの製造から始めました。祖父には男の子どもが3人いて、昭和35（1960）年、株式会社にしてから、祖父は会長、長男幸信が社長、次男輝行が専務、三男佳昭がうちの親父ですが、常務となって、兄弟が3本の矢となって会社を守ってきました。

長男の息子和彦も大学を出て早いうちに徳島に帰り、専務になっていました。その時代は、次男の伯父が社長となり、その息子が商社での修業の後入社し、次の後継候補と考えられていました。

この従兄がものすごく優秀でした。僕もラグビー部でしたが、従兄はラグビーの名門、同志社大学を卒業しています。同志社がラグビーで一番強い時代のレギュラーでした。のちに日本代表になった林敏之さんは後輩です。従兄と林さんは同じ城北高校出身で、林さんに同志社進学を勧めたのはうちの従兄でした。

スポーツができ、ハンサムで、強力なリーダーシップをとれる人間でした。それなのに、すい臓がんで、あっという間に亡くなったのです。会社もこれからを嘱望している矢先の出来事でした。

次男の伯父が社長の時代だったので、息子に大きな期待をしていたことは、想像に難くありません。本当に優秀な後継候補でした。そのような状況で、他に若い人間が親族にいないので、僕に「帰ってこい」となったのです。

しかし、僕は結婚したばかりで、妻の両親に「結婚させてください」とあいさつに行った時、先方のお母さんからは当然、「徳島には帰られるんですか？」と聞かれましたが、「帰りません」と断言していました。それが結婚して2年半くらいで帰る羽目になるのですから、人生はわからないものです。

親父は三男で常務時代が長く、それなりに大変な思いをして仕事をしていたと思います。親父も、別の会社で勤めていたのに、西精工を株式会社にする時に呼び戻されています。長男次男は自分で機械を作ったり買い付けに行ったり、ものづくりが根っから好きで機械の機構にも詳しい。これから三兄弟一緒に、力を合わせていい会社を作っていこうと株式会社が始まりました。ことに、長男の伯父は僕の親父と20歳近く年が離れていましたから、うちの親父は、自分がボスだと決して言えません。兄を立ててしんどい思いをしてきたから、息子に継がせるとは言わなかったのだと、今になって思います。僕が戻ってきても、従兄の社長の下で働くのは苦労すると慮ったのでしょう。

◇自作自演の〝仮面ライダーごっこ〟

僕も従兄と同様、体育会系の人間です。子ども時代を振り返ると、身体を動かすのが小さい頃からとても好きでした。家は、経済的には恵まれていました。ただ、好きなものは、そんなに親には買ってもらえず、厳しく育てられたと思います。

僕が子どもの時は、仮面ライダーが大流行していて、あの変身ベルトが欲しくて欲しくてたまりませんでした。でも、親はどうしても買ってくれません。今ならそれがしつけなのだとわかりますが、どうして買ってくれないのか、子どもの僕はわからず、不満に感じていました。

僕は一計を案じました。母親のお使いで「お買い物行ってきて」と頼まれるたびに、釣銭を50円とか100円ごまかして、隠れてへそくりしていたのです。今考えると、ろくな子どもじゃありません。ついに2000円がたまり、こっそり買いに行きました。ライダーベルトを付けた時は、うれしさのあまり、「よっしゃー!」と叫びました。

しかし、友達と大っぴらに仮面ライダーごっこをすると、親にばれてしまいます。ひとり遊びするしかありません。

それに僕は、ひとり遊びが得意な方でした。どうやって仮面ライダーごっこをしたかというと、女の子がここでさらわれて……などと想像しながら自分でシナリオを考えて遊ぶのです。脚本・監督・主演は自分。ストーリーに合わせてロケハンもします。神社に行って、鳥居の下で敵に向かって「見つけたぞ! よし、いまだ、変身だ!」とひとり芝居です。

ある日、押し入れに隠していたはずのライダーベルトがなくなっていました。僕は慌てて母の元に向かいました。「……お母さん、隠したでしょう?」。母は「何を? 知りません」としらを切って、ついに、出してくれませんでした。すべてお見通しだったのでしょう。

そのほかにも、小学校時代は塾に「行ってきます」と言って、サボってひとり遊びしていたこともありました。当時、近所の中学が荒れていたので、徳島大学教育学部付属中学を目指すことになりました。一番勉強したのが小学校6年生の時ですが、最初はサボって凧揚げなんかをして、きりのいい時間に「ただいま」と素知らぬ顔で帰っていました。週1回の塾でしたが、顔を出すのは月に1回くらい。そのうちばれて、観念して毎日塾に通い、がんばって付属中学に進学しました。

そんな具合で、ひとり遊びも好きな子ども時代でしたが、今思えば、経営者として、会社の中でストーリーをつむぎ、演出することにつながっていると思います。いろんなことを頭で考えて、プロローグから始まり、こういう終わり方をしようと、想像を巡らせるのが好きでした。

◇実家の本屋さんの組合闘争に違和感

母親は当時の徳島には珍しく、東京の女子美術大学を卒業して、デッサンが得意な人でした。結婚してからは日本画を習い、タペストリーを趣味としてずっとやっています。

タペストリーの制作は、まず、糸を染めるところから始まり、大変手間暇がかかります。中学の時、母が織り機をガタンガタンと打っているのが、ものすごく気持ちが入っていて、「鶴の恩返し」みたいだなと思い、近寄りがたいぐらいでした。母の弟も、今、写真家になっています。僕もスポーツだけでなく、音楽や映画などの芸術文化が大好きで、そこは母方の気質を受け継いでいる気がします。

母方の祖父母は、本屋さんを経営していました。最盛期には徳島で4店舗ありました。母方の叔父も大学卒業後に徳島に帰ってきて継ぎましたが、結局は、組合活動によって従業員が離反し、最終的な原因は深く聞いていませんが、本屋さんは廃業してしまいました。

それでも、小学校の時は、土曜日、午前中で学校が終わったら、西精工の方には行かなくても、おじいちゃんおばあちゃんの本屋さんに遊びに行ったものです。徳島駅前のど真ん中にあった店で、そこでずっと本やマンガを読んでいました。

いつも店員さんたちは「泰宏くんいらっしゃい」と可愛がってくれるのですが、ある時、店員さんがみんな赤い鉢巻きをして殺気だっていました。その時は組合闘争の最中で、まるで様子が違います。あまりのギャップに違和感を覚えたことが、強く印象に残っています。

母は「おじいちゃんおばあちゃんは店員さんより給料安いのよ。あんなことされるなんて、意味がわからないわ」と嘆いていました。おじいちゃんおばあちゃんは、決してぜいたくもしていませんし、店を休んで旅行に行く姿など見たこともありません。ずっとそういうまめな働き方が、楽しい嬉しいと言っているくらいです。なのに、社員さんと対立することになるなんて……、子ども心に理不尽に感じた出来事です。

その後、経営が傾き、大手の丸善の資本が入りましたが、最終的には廃業しました。今は貸しビルになっています。母方のおじいちゃんおばあちゃんの働く姿を見ながら僕は育ってきました。

◇ラグビーに熱中、負けん気の〝西坊ちゃん〟

母は生まれつき足が悪かったために、家にはお手伝いさんに来てもらっていました。当時、お手伝いさんがいる家庭は、徳島では珍しく、友達のからかいの的でした。

「ああ、お前んとこ家政婦がおるんか。坊っちゃんやなぁ」

ついに中学校の時に〝西坊ちゃん〟と、あだ名をつけられます。言うほど大したお金持ちではないし、母は厳しく、一切おもちゃやマンガのようなものは与えられなかったにもかかわらずです。家に帰ると、自分で買い集めたマンガがすべてなくなっていたこともありました。母が処分してしまったのです。唯一買ってくれるのは、実家が本屋ですから、マンガ以外のまじめな本くらいでした。

このように、母は、なかなかやる人です。ライダーベルトの件は20年後にも再び、「お母さん、本当は隠したでしょう?」と聞きました。今でも根に持つほど、僕は悔しかったわけです。本当はどうだったのかを知りたかったのに、母は「忘れたわ。そんなことなかったんじゃないの?」とケロリとしていました。

こんな風に、うちの母は厳しい半面、底抜けに明るいところがあります。それにつられて、うちの父は、明るいふりをしているのかもしれません。それにひょっとしたら、根暗かもしれません。親父は僕には「お母さんがそう言うんだから、ちょっとくらいは勉強せんか」と声をかけるくらいで、家では静かな人です。

会社の悪口は一切言わないのですが、昔は夜中になると、言葉にならない寝言を毎晩言っていました。あれは会社のストレスが原因だったのではないかと思います。だから、僕に「帰って来い」としばらく言わなかったのは、自分と同じ思いをさせたくない気持ちがあったのではないでしょうか。しかし、酒の場とかで、みんなでワイワイするのはとても好きな人です。友達にも恵まれて、昔から、友達とよく飲みに行ったりゴルフや釣りに行ったり楽しそうにしています。

7年くらい前「お前は全然勉強はせんかったけど、昔から本だけは読んどった。それは大きいなあ」と、少しは褒めてはくれました。「お前がいったいどんな本を読むのか、お前が大学生の頃、こそっと見たことがある」と親父は言っていました。親父にはあまり意味がわからなかったようですが、たぶんそれは、ソローの『森の生活』です。メジャーなところでは、スティーブン・キング、村上春樹、村上龍なども愛読していました。

小学生の時は、成績はまあまあ上のほうで、生徒会の副会長になりました。ところが、付属中学に行ったら、真ん中より下。勉強ができなくて、面白くないからサッカーに熱中しました。高校は母が勧めた徳島の進学校・城南高校に行きました。昔は、東大、早稲田、慶応への進学者が多く、今考えると、小中高一貫ではなく、いろんな学校でいろんなタイプの友達を作っていったのが、後に自分のコミュニケーション力の原点になっていると思います。

先にふれたように、高校時代はラグビー部でした。しかも、1年生の時に花園まで行きました。進学校が全国大会に進むのは快挙です。2年生の時は、徳島県大会決勝で、同点優勝となり、じゃんけんで負けてしまいました。サッカーなら延長戦、それで決まらなければＰＫ戦ですが、ラグビーは同時優勝なので、同点の場合はじゃんけんで決めます。あまりに悔しくて、3年生になっても全員残って、花園に行こうぜと、ずっとラグビー漬けの日々。おかげで高校時代は、お正月くらいしか休んだ記憶がありません。

ポジションは、五郎丸選手と同じく15番、フルバックです。誰よりも走って、誰よりも蹴る役割でした。「キックが超高校級だ」と言われ、「よっしゃー！」と気合いが入りました。こうして振り返ると、やはり子どもの時に西坊ちゃんとからかわれるのが嫌で、「絶対に坊ちゃんって言わせんぞ」という意地が根底にあったと思います。そんなことから体育会系になっていったのかもしれません。

全国大会に行って、1回戦を勝ったら、推薦で大学に行こうと思っていました。しかし、1回戦で大敗。部員の何人かはラグビー推薦で入学先を決めましたが、僕はいくつかの推薦を断り、結局、浪人することになりました。

◇流されて2浪生活

「東京で浪人します。徳島で浪人していたら、親に甘えてしまう。厳しいところにあえて行きますから、東京に行かせてください」

そう言って頼み込み、東京に出ることにしました。最初は、田無市（現西東京市）の浪人生ばかりの寮に住んで、そこから早稲田の予備校に通いましたが、やがてさぼりがちになります。しかも、僕は、小学校時代からビートルズが好きで、高校までギターを持って友達とバンド活動をしていました。映画も大好きでした。そんな人間が、東京に出たら、楽しくて仕方ないに決まっています。

仕送りだけでは遊ぶお金はありません。結局、居酒屋の「村さ来」でアルバイトをして、飲み代と映画を観るお金と、コンサートに行くお金を作っていました。そんな生活が続けば、2浪するのも当然です。

2浪目は、高田馬場で暮らすことになりました。僕の部屋は六畳一間で狭いもののユニットバスがついているし、都心ですから、居心地が良くて友達のたまり場になり、勉強になりません。「飲みに行こう」と誘われて、新宿で飲んだくれます。友達とふたりでチューハイを17杯飲んで、新宿で始発待ちの朝焼けを見ながら、「ほんまに俺、いったいどうなるんやろ」と、空を見上げたこともありました。

一度、母親にいきなりアパートを襲撃されたこともありました。アルバイトと酒、音楽、映画ざんまいの生活。「自分がどういう立場かわかっているの?」と大目玉を食らったこともありました。

◇東京の仕事で得られたプロ意識と人とのつながり

それでも、2浪してなんとかふたつの大学に受かりました。そのうち、神奈川大学経済学部に進み、大学時代はやっぱりバイトに明け暮れて、バンドもやっていました。

ゼミでは映画を作っていました。神奈川大学は経済学部でも外国語学部のゼミに行くことが許されていて、担当の教授はチェーホフの研究者です。卒論ではなく演劇をやれば単位をくれるという変わった教授でした。映画でもOKだったので、僕らは映画を作りました。ラブコメディで、僕は〝チェーホフ〟という役名です（笑）。

勉強もしましたが、仲間と集まって一所懸命に映画を作ったり、バンドやったりの学生生活が思い出として刻まれています。バイトを1日3つとか、多い時には3、4時間しか眠らずに、かけもちしていました。一番続けたのが、中目黒でのお寿司屋さんのバイトです。

江戸前のちゃんとしたお店で、当時ガード下にありました。中でも下働きをする中で感銘を受けたのは、アナゴのたれを骨から7時間くらい掛けて煮詰める職人技です。そのような仕事のプロセスを裏方で見せてもらいました。

その方のお店は今でも東京出張した時に、年に何回か行って付き合いがありますし、僕の結婚式にも出てくれています。

大学を卒業して広告代理店に就職しましたが、仕事が好きだったというよりは、お客さまが好きだったから、楽しく仕事ができていたといえます。在職中に1回、人事異動が決まり、それを大口のクライアントが知った時に、会社に「西を外すんだったら、全部違うところに持っていくぞ」とまで言ってくれたことがあります。なので、一度も人事異動することがありませんでした。それだけ信頼関係ができていたのです。だから、このクライアントに会社を辞めて西精工に戻るという話をした時も、料理屋の席で一対一でお話しし、最後には笑顔で送り出してくれました。

職場の中もユニークな人ばかり。動物園みたいなところです。働いて11年ですから、それなりにスキルも身についてきて、楽しくて楽しくて仕方がない時に、しかもお客さんのことも大好きでしたから、退職するのは断腸の思いがしました。

しかし、一方で、入社11年にもなると、次は管理職の道が見えてきます。広告代理店の仕事は、現場が楽しいわけで、部長はひたすら数字とにらめっこ。それで評価が決まるだけの役目は、あまり楽しくなさそうです。このタイミングで帰って、今度は経営者として修業していくのも新たな挑戦になる。違う役目に一気に行くのも面白いかもしれないという気持ちもありました。

そして「徳島に帰っても、絶対に楽しく仕事せんかったら、お客さまに失礼やし、やっぱり仲間にも失礼やな」と思っていました。これまで東京で好きなことばかりやってきたから、故郷に恩返しをしなくてはいけない、これも運命だという思いもありました。人に迷惑ばかりかけ、特に親には心配をかけました。若い頃は、徳島のことが好きでありませんでした。なんでこんな田舎で生まれたんだろう、東京で生まれていたら、もっとよかったのに……。こう思っていたのも事実でした。振り返ると、ずいぶん自分勝手なもので、生まれ育ったところになんの恩返しもせずに、褒められるようなことが全然ない。やはり神様がいいきっかけを与えてくれているのではないかと感じずにはいられませんでした。

「ここで本気にならんかったら、いい人生にはならない」と、決意を固めたわけです。

結局、辞表を出してから引き継ぎや何かで7か月会社にいて、東京から徳島まで、車で帰ってきましたが、着いて次の日に出社していたほどで、ギリギリまで東京にいました。

◇徳島に来て知らされた新入社員の「死亡事故」

徳島に帰る時に、親父に「取締役に就けるからな」と言われましたが、製造業では何の経験もないのにいきなり役職では、はばかられます。

「いやいや、そんなのはいいです。役職はなんでも、ヒラでもいいです」

「給料いらんのか?」

「いや、給料は……、だってかみさんも仕事辞めさせて、僕も辞めて帰ってくるんだから、せめてひとり分の給料はください」

「それなら、取締役くらいにしておけ」

そう言われて、役員になった方が自分を追い込んで一所懸命やるかなという気持ちで受けることにしました。帰ってきた時は、営業に机があっただけ。最初に言われたとおり、何をするかは「自分で考えろ」です。

親父は、僕が帰ってきた時には、常務から社長になっていました。社長と言っても待遇は質素なもので、社長室は、田舎で果物とか野菜を売っている無人販売所の小屋のよう。本社社屋も、築50年くらいの木造の、ギイギイ音がする、昔の校舎のようでした。

僕が営業のところにいても、誰も何も教えてくれない。ただ、取締役なので、社員さんがいろいろと承認を受けにきます。西精工に入って1年間は、さっぱり意味がわからない書類にハンコを押すというのが、何より地獄でした。わからなくても、とくに稟議書はハンコを押さないと、仕事は次に進みません。「親父、これはなに?」と聞いても、「いずれわかる、いずれ」と、さっぱり要領を得ません。隣の営業課長にずっといろんな事を教えてもらっていました。肩書きが取締役社長室長だったので、親父に出張にも連れて行ってもらいながら、取り引き先回りをすることから始めました。

それにしても、来て早々、母親から聞いていた、会社の評判が気がかりでした。

出社した最初の日。みんなの前であいさつした時に、僕が思ったのは、無関心そうな社員さんの様子で「なんて暗いんだ」ということです。

おふくろからもこう言われました。「西精工っていう会社はね、どうやら暗いらしいのよ」。おふくろは明るい人です。それが、暗いと言う評判をあちこちから聞いてきたようなのです。

「お母さん、それ嫌じゃなかったの?　だって、お母さんの旦那が社長なんだよ」と僕は聞き返しました。普段は明るいおふくろなのに、自分の旦那にもどうにかしたらと言えないのはおかしい。

しかし、暗いのもそのはずです。西精工では、僕が帰る1週間前に、工場の中で、最も重大な労働災害がありました。死亡事故です。材料に挟まれて、新入社員が亡くなったのです。

僕は1998年7月30日に帰ってきましたが、そのことをしばらく知りませんでした。なぜなら母が父と相談して、徳島に来る前には言わないようにしていたのです。「帰ってきたらどうせわかることだから、今言わんでいい」と、親父が止めました。死亡事故ですから、徳島新聞には大きく出ました。しかし、東京の新聞には出ていません。

帰るなりそれを知って、ショックを受けました。

亡くなった新入社員は高校を卒業して、うちの会社に入ってまだ4か月でした。毎日ゲームに夢中で、夜寝ていなかったそうです。事故が起きたその日も調子が悪くて、ぼーっとしたまま作業をしている時に事故に遭ってしまった。

うちの親父が当時社長になったばかりでしたから、一番しんどかったと思います。向こうのご両親の家に遺体が運ばれて、親父も長い時間じっと座っていました。真摯に対応し、親父の誠意は伝わったと思います。ご遺族にお見舞金も差し上げました。製造部長が書類送検となりましたが、大きな法的処分はなく、おそらく、悪質な労働災害というより、社員側の不注意という事情を考慮したのでしょう。

しかし、高校を出たばかりの新入社員が死んでいるのに、なぜ会社の中で大きな問題にしないのか。僕はそのことが気がかりでした。

◇これがものづくりの会社？

広告代理店からものづくりの会社へ。「まるっきり違う業界で、戸惑わなかったですか？」と、よく人に聞かれます。しかし僕は、仕事に取り組む基本は、一緒だと思っていました。

ただ、入社前は、ものづくりは未経験でした。しかも、母方実家の本屋さんには出入りしていましたが、西精工の工場に入るのは初めて。第一、西精工が何を作っているのか、親は教えてくれませんでしたし、僕も無関心でしたから、製品を知ったのは徳島に帰ることが決まってからです。

思い返すと、東京で浪人している時に、食べ物や日用品を詰めたダンボールを、母親が時々送ってくれていました。そのダンボールには、ナットの絵と「西精工」のロゴが書いてありました。こういうものをつくっているんだなと、ぼんやりと認識していましたが、あとは何もわからない状態での入社です。

帰って、初めて工場に足を踏み入れました。

僕は漠然と、ものづくりってきっと素晴らしいものだと思っていました。広告代理店の仕事は、必ずしも努力が報われるものではありません。ときどき政治力も働きます。僕は東急エージェンシーでしたが、必死に考えた企画をプレゼンしても、最大手の電通がいきなりハリソン・フォードをイメージキャラクターに起用すると、それで負けてしまいます。どれだけ努力してもかなわない局面もある。

ただ、ものづくりは、一所懸命やったら報われる業界だろうと期待していました。だからきっと、仕事は楽しいのだろう、と。徳島に来る前は、当時親父が社長で、僕が息子だから、帰ってきた時にどんな苦労をするのかを想像をしていました。頑固な職人さんや、ものづくりにこだわっている人が、たくさんいるのだろうな、その人たちに、反発されたり何か言われたりするのかなと、想像をめぐらせていました。

ところが――。僕は想像とのあまりのギャップに驚きました。

ひとつは、職場で社員同士があいさつしないこと。

あいさつは、もちろん営業の課員同士はします。あいさつをしないのは、営業と現場、総務と現場という部署の違うメンバー間です。ある中途入社の人が言っていました。

「『おはようございます』って言っても、誰も言ってくれないからやらなくなりました」

ショックでした。なのに、工場の壁に貼ってあるスローガンはこう書いています。

「部署間の壁を取り払おう」

壁があるからこういうスローガンを書くのでしょう。壁というものは、人が、自分で作っているものです。最初から会社が準備して壁があるわけがない。この辺りが面倒な問題なのだろうと直感しました。掃除もほとんどしていないようでした。

朝のラジオ体操は社員の半数も参加していませんでした。なぜならラジオ体操は8時5分に開始し、「8時10分から始業だから強制はできません」と総務課長に言われました。安全のためにラジオ体操をするのに、死亡事故が起こってもこの状況とは、なんて会社だと思いました。本気で安全対策をしていない。社長の親父は誠意を尽くして、亡くなった日の夜、家でずっと座りこんで、あんなきついことはなかったと言っていたのに、現場は何も感じないのです。

安全のための朝礼があったら新入社員は亡くなっていなかったはずです。亡くなった社員さんは身体がしんどかったそうです。やってはいけないことをして事故を起こし、社会的にはルール無視をしたわけですから、会社には大きなお咎めはなかった。しかし、それより問題だと僕が思ったのは、職場の人間の無関心の怖さです。みんなが関心を向け合って新入社員を教育したり見守ってあげたり、「今日体調はどう?」と気遣ってあげたら、その事故は起きていなかったはずでした。

加えて、一番ショックを受けたのは、自分たちが作った製品がゴロゴロ下に転がっていたことです。あいさつよりも掃除よりも、これはややこしいなと感じました。「作ったものにプライドを持っていないんですか?」と聞きたいくらいひどい。道具も、そこらへんにほったらかしです。

野球選手でも、一流の選手は、バットやグローブ、手袋などの〝道具〟を大切にするものです。だから、あいさつとか掃除とかよりも、なんで大事な製品や仕事道具が汚れた床に落ちているんだ? これが一番ショックでした。

ある日、ラジオ体操で、社員さんが集まった時。取締役営業部長が「おはよう!」とあいさつをしても、社員さんはポケットに手を突っこんだまま「うっす」と言うだけ。

この場面が、〝本気で会社を変えなくてはならない〟と、僕の中でスイッチが入った瞬間でした。

◇ネフローゼ発症、2回の入院

この状況をどうしたらいいのか。僕がイメージしていたものづくりの会社では、全然なかったこの現場が、いったいどうなれば、明るく変わることができるのか。ひたすら考え込む日々。しかしこれからという矢先に、まったく予想外のできごとが、僕の身にも起きてしまいます。

入社1か月で、身体の調子がおかしくなってきました。普通に生活しているのに、どんどん体重が増えていく。食べ過ぎているわけでもないのに、体重が増えるのはおかしいなと思いましたが、別に病気じゃないだろうと、一所懸命無理に歩いたり走ったりしてみました。それでも、体重がなかなか減りません。

その間、僕のかみさんが里帰りして、1週間くらいで帰ってきたあと、僕を見て絶句しました。「どうしたのあなた!? 体重何キロ増えているの？」。15キロくらい体重が増えていて、体中がむくみ、しんどくなっていました。さすがにこれはおかしいと気づきます。

病院に行って診断を受けたところ、緊急入院です。ネフローゼを起こし、急性腎炎になっていました。早い話が、おしっこが排出できず全身水分になっていた状態で、「なんでもっと早く来なかったんですか。肺が押し潰されていますよ」と医者に言われました。体重は96キロになっていました。

治療は、最初はステロイドを大量に投与すること。そこから毎日体重が2キロくらい落ちていきます。身体に塩分と水分がたまっていた状態を正常に戻す過程で、浸透圧が急に変化し、死ぬほど頭が痛くなります。ネフローゼにはステロイドが効くのですが、ずっと使えるものではなく、徐々に減らしていきます。

3か月入院して、ようやく帰ってきて、しばらくは自宅療養していました。

はじめて西精工に出社した時に、社員さんの前でこう宣言しました。「ものづくりのことは何にも知りませんけども、とにかく体力には自信があります。一所懸命やります」と。その1か月後に入院しているのですから、洒落になりません。

しかし、ステロイドを減らしていったら、また再発する。再入院した日のことはありありと覚えています。かみさんは泣いていました。

それから3か月入院して、ステロイドの数を減らして、経過が良くなると「そろそろ自宅療養しましょうか」と、退院。

症状が重い間、しばらくは車椅子に生まれて初めて座って移動しました。車椅子で病院を行き来すると、見える風景が全然違ってきます。入院生活も、その時が初めてでしたから、それまで見えなかったものが見えてきました。

ステロイド漬けで抵抗力がないので、病室は個室に入りました。個室は病状の重い人が入りますから、隣の病室で3回ぐらいご臨終を迎えていたと記憶しています。夜中に家族が集まって、「手を握ってあげて」とか言い始め、そのうちわんわん泣く声が聞こえます。それを何回か経験すると、逆に僕はポジティブだから、「生きなきゃ！」という思いがふつふつと湧きました。

相部屋の時は、隣のおじちゃんが小指を立てて、「いまからコレと広島にカキ食いに行くんや。お兄ちゃんは、まだまだこれから病気治るかもしれへんし、元気になるかもしれんけど、俺はもうわからんけんな」。死と隣り合わせの毎日。今まで経験していないことが日常になっていました。

腎臓の病気は、塩分制限が厳しく、闘病中の食事はほとんど味がしません。入院中の病室では映画を観たり本を読んだりしていましたが、ことに、食べ物の本をずっと読んでいました。雑誌「ｄａｎｃｙｕ（ダンチュウ）」とか、おいしそうな料理やレストラン情報がてんこ盛りのグルメ雑誌です。かみさんが、「よくそんな本が読めるよね」と驚いていましたが、僕は絶対に治るから、食べに行くんだ、だからがんばるんだと、自分を奮い立たせていました。自分の頭の中では、きっとこの辺りで闘病が終わって、２年後にはビールも飲んでいるし、うまいものがたらふく食える……、そんなイメージトレーニングをしていました。楽天的に過ぎたのかもしれませんが。

しかし、３回目の発症がありました。その時の心境は、自分はわりと楽観的なので淡々としていたようにも思いますが、今となってはよくわかりません。これががんだったら、命の問題がさらに深刻だと思いますが、そこまでの悲壮感はありません。ただ、最悪の場合、親父やおふくろは、透析になるかもしれないと覚悟したようです。35歳で透析になったら、旅行もできないし、まずちゃんと働けない。直前に従兄が亡くなり、僕が帰ってきて、今度は自分の息子がというショックは、親には絶対あったと思います。だから、自分よりも親が辛いだろうなと思っていました。両親はかなり心配しましたけど、僕自身はそんな風にならない、絶対に治る、今はまだ病気でも、どこかで治りきるだろうと、なぜか思っていました。

それに、病院の治療のほかに治る方法はないのか、ネットで病気のことを調べていたら、東京のネフローゼ患者の会のボランティアが腎臓病の漢方薬を中国から輸入していることがわかりました。症状を細かく書いてくれたら、ボランティアが中国語にして、中国の有名な先生に効くかどうか尋ねてくれます。翻訳して送ったところ、「100%効きます」という漢方医の返事で、1か月間6万円もする薬を飲みました。僕も徳島に帰ってきたばかりで、貯金も何もないけれど、これに懸けてみようかと思いました。黒い団子のような薬3個を、食前に服用します。はちみつで固めている手作り漢方薬なので、髪の毛が入っている時もありました。良薬口に苦しと言うとおり、なんともいえない臭いと味がしますが、我慢して飲み続けました。やはり、漢方は体質を変えます。通っていた病院の医師は漢方治療に否定的でしたが、医師に黙って続け、1年後は寛解していました。それからは、ネフローゼの症状は出ていません。

◇事故も、病気も、「空気」に原因がある

入院中、会社に出られない状況に、焦りがあったかというと、そうでもありません。会社の業績は悪くありませんでした。利益は上げているし、急に落ちないだろうという見込みはありました。内部の実情はともかく、以前からお客様や協力会社には恵まれています。闘病している間に大変な事態に、すぐには陥ってはいかないだろうと予測していました。

ただ、あいさつやコミュニケーションのなさ、問題意識の欠如、雑然とした工場現場を見て、見えないところが腐っている、すでに、会社が死に絶えたところまできている。そういう危機感は感じていました。

自分の身体がこうなった要因のひとつは、なんでこんな工場の現場になっているのかという衝撃や、負の連鎖が影響していたように思います。この時、僕も病気になっているのは、ただの偶然ではない。前にも言ったように、僕はストーリーを考えるのが好きな人間です。ここに帰ってくるのも、僕が病気になるのも、必然だった。それはなぜか。そして自分はどうしていけばいいのか。

一番に感じたのは、空気感です。闘病中に決意したのは〝会社の中に、病気にならない、事故にならない、空気感を作ったらいい〟という思いでした。これが僕の役割です。

でも「空気感を変えよう」と言ったところで、誰も理解はしてくれません。なので、あいさつや掃除から始めて、いい雰囲気をつくろうと考えました。いい空気感があれば、人を病気に

しない。人は安全に働ける。空気を変えることは、絶対にできる。

もうひとつ感じたことは、会社の中でお互いを知り、大事なことや安全を確認するための朝礼があったら、社員が事故で亡くなっていなかったはず、ということです。それも、5分や10分ではなく、納得するまで本気になってみんなで話をしたら、そっちを向いて一所懸命聞きます。ゲームばっかりして調子が悪ければ、おそらく長時間立っていられない。表情にも出る。そうなると、仲間の不調に誰かが気づいたはずです。

今では、自分も身体の変化に気を配るようになりました。それまでは、当たり前に思っていましたが、身体的にすごく恵まれていたことを痛感しました。健康に産んでくれて、今まではよかったけども、これからは身体をいたわらないといけないと。ああ疲れたな、と思った時は、尿検査キットを使って自宅でチェックします。「ああ色変わらんかった、よかった」といって安心します。昔再発した時の、検査薬にパッと色が出て「また病院に入院するのか……」、あの嫌な感じは、今でもぞっとします。

自分の病気と向き合い、会社の行く末を真剣に考えながら、1年を過ごした闘病生活でした。

6章

経営理念は「社員が幸せになるため」にある

◇暗い会社を明るくしたい！　あいさつから始めた風土改革

1年間闘病すると、この世のすべてがありがたいと思えるようになります。車椅子の視線から見ると世の中が全然違って見えましたし、ふだん健康な時には見えないものが見えて、大きな経験となりました。

僕は、マイナスなことが起こった時にどうやってプラスに転じようか、展開しようかと、常に心がけています。どんな状況に落ちてもプラスに考えようとマインドセットし、この時も命が助かりました。これは母から受け継いだ明るさだと思います。

会社を明るくするには、まず何から取りかかるべきか。出勤した朝は当然、あいさつから始まります。

うちの会社にもタイムカードがありますが、僕はその横に立って、「おはようございまーす‼」と、たったひとりのあいさつ運動を始めました。これはすぐに取り組みました。始めてすぐ、2日目、3日目くらいから仲間ができていきました。最初は、隣に座っている、営業部の課長です。その時、僕は社長室長ですから、「室長がするなら俺もせなアカン」と、すぐについてきてくれたわけです。

また、僕が入社の時に、「体力には自信があります」と豪語したあいさつを聞いて共感し、「この人なら会社を変えてくれるかもしれない」と期待してくれた社員が何人かついいて来てくれました。その後の社内の反応を見てみると、どうやら半分以上の人は、「あいさつするべきだ」と思っていたのです。その人たちに「なんでやめたの？」と聞いたら、「こちらがあいさつしたのに、向こうがしてくれなかったから……」。

そのうちあいさつしているのがばからしくなり、だからやめてしまった。こういう声が多くありました。

「あいさつをしましょう」と働き掛けるだけでなく、どうしてあいさつをするのかを理解するため、僕は一計を案じ、あいさつの勉強会をしました。

勉強会は、「あいさつをしたら何が起こるのか」という、当たり前のようでいて意外とわかっていない基本を学ぶところから始めました。

具体的には、こういう話をします。

うちの会社には、飲み物の自動販売機がいくつかあります。自販機ベンダーの担当者は飲み物の補充やメンテナンスのために毎日のように来ます。うちの会社は、「あいさつは誰にでもしましょう。そして、こちらからしましょう」と教えていますから、外部の方でも同じようにあいさつをしましょうと日頃言っています。

特に、できていないのが、協力会社に対してです。協力会社は、自販機ベンダー以外にも、燃料会社、運送会社など、ありとあらゆる関係会社の人を全部含めます。インターンシップに来る高校生も同じです。こんなふうに、考え方を徹底していくうちに、みんなあいさつするようになってきました。

そうするとある日、ジュースを入れにきてくれるベンダーさんが直接僕に、「西さん、この会社に来たら、社員さんの方からみんなあいさつしてくれますよ。徳島のいろんな会社や工場、あちこち行くけども、こんな会社はない。僕はね、ここだけには自分から来たいんだ」とニコニコしながら話しかけてきました。僕もうれしくて、その話を社員さんにします。そしたら、なぜあいさつするのかの理由が、すとんと腹に落ちます。

僕はよく、社員さんにこんな問いかけをします。

「マザー・テレサを知っていますか？」

「え？　名前だけは」と答える社員さん。そこで

「マザー・テレサは、愛の反対はなんだと言っているでしょうか？」と聞きます。

「愛の反対は……憎しみですかね？」

マザー・テレサは、「愛の反対は憎しみではなく、無関心」ということを言っています。組織ならば、いいチームを作りたいし、仲間や取引先の方々と、いい協力関係、信頼関係を作りたいものでしょう。では、どこから始めればいいのでしょうか？　それがあいさつだと、僕は確信しています。あいさつは〝あなたに関心がある〟ということを、最もよく伝えるコミュニケーションの方法です。あいさつだけで、「この会社に来たい」と、気持ちが変わるのですから。

その次に、燃料会社の人が、「西精工さん、中途採用の募集をしていませんか？　現場の人から西精工さんが募集していますって聞いたんですよ」と、真剣な表情で聞いてきました。どうして応募したいのか聞きました。

「この会社に来たら、みんながあいさつしてくれます。『こんにちは』『おはようございます』、雨だったら『よく降りますね』って。僕ね、こんな会社で働きたいんですよ。よその会社は誰もあいさつしてくれません」

こう言ってくれるのです。あいさつひとつで、こんな素敵なことになる。やったほうがいいでしょう。どこの学校でも会社でも、「あいさつしましょう」とは言いますが、あいさつをしたら何が起こるか、何のためにするのかまでは踏み込んで考えません。ベタでもそういう実例を挙げながらずっと勉強していったら、やっぱり腹に落ちます。しかも、「あいさつはタダでできるんだよ」と、社員さんに冗談交じりでけしかけるくらいです。

しかし、ベテランになればなるほど、よくありがちなのが、〝こっちが仕事を出しているから〟〝こっちが年上だから〟〝こっちが先輩だから〟向こうからあいさつしてくるのが当然だという考え方です。しかし、それを一瞬でも考えてしまったら、いいあいさつはできません。だから僕も、自分の座る事務室の扉を常時開けておいて、通りかかる社員さんを見かけたら全員に声をかけるようにしていきました。

◇掃除・5Sを始めても、社員はなかなか付いて来ない日々

そのほかに、会社に復帰して間もなく始めたのが、工場の清掃です。

朝一番に会社に行って、製品が入っているプラスチックのポリ容器が油まみれになっていた

のを見過ごせず、ひとりで洗い始めました。そうすると、次の日からついてきてくれる社員さんがいて、これにも勇気づけられました。

こんなふうに、掃除とあいさつを続けてきましたが、数名の賛同者からなかなか広がらない時期が続きました。あいさつの勉強会に加えて、掃除と5Sの勉強会も始めました。しかし、思ったようには広がりません。「そんなことをして何になるのか」という冷やかな反応が多数派でした。

どうすれば、会社の空気を変えられるのか？

僕はヒントを見出したい一心で、各種のセミナーや企業見学などに足しげく通うようになりました。今でこそ、あいさつの風土は浸透していますが、あの頃はかなり行き詰まり、ポジティブ思考の僕でも、精神的にもしんどかった時期でした。

子どもの頃、親父が家で寝ている時に、言葉にならないうめき声をあげていたと言いましたが、今度は僕が毎日うなされて、かみさんが「またうなされてるよ」と心配したほどです。

でも結局、この時僕の心はどういう風に考えていたかといえば、「なんで俺ひとりがこんな思いをするのか」という、相手に責任を求める思い上がりと、悔しさでいっぱいでした。どうしてわかってくれないんだ？　なんで俺ひとりここまでしないといけないの？　人のせいにする時は、やっぱり、自分が大事、自分が正しいという承認要求にとらわれています。今思えば、あの時の自分は、経営者としては全然成長していなかったのでした。

その時、あいさつや掃除についての行動規範を作っていました。あいさつをしましょう、人の話をよく聞きましょう、人生楽しみましょう……。このような行動規範を作って、これだったらいい会社になるだろうと思って、社内にも発表しました。それで会社は悪くはなっていきませんけども、思ったイメージ通りにはなりません。焦りばかりが募っていきます。

◇稲盛経営哲学のすごさに2度衝撃を受けた

20年前徳島に帰ってきた時に、その前はもちろん経営者になるつもりはなかったので、特にマネジメントについての勉強もしていませんでした。「僕も経営者として、なんかせないかんな」とは思っていました。おふくろも「青年会議所に入ったらどう?」とアドバイスしてくれましたが、異業種の人が集まって、町づくりや村おこし、ボランティア活動など、たしかにいい事はしているのですが、経営の勉強にはならないと感じていました。

黙っていても誰も教えてくれません。そこでまず、何から経営を学んだかというと、ピーター・ドラッカーから入りました。手始めに、ダイヤモンド社が主催しているドラッカー塾を受講。最初の講義で「ほとんどの経営者が経営していない」というドラッカーの言葉に、いきなりガーンと衝撃を受けます。

ドラッカーの考え方に奮い立ち、経営って何なんだと、本気になって勉強し始めました。ドラッカー以外にも、勉強したいものは何かないかと探していた時に、偶然、「稲盛さんの経営塾に入りませんか」とタイミングよく誘われました。

稲盛和夫さんは京セラ、ＫＤＤＩの創業者であり、後に日本航空を再建したカリスマ経営者なのは、皆さんご存知の通りです。その経営塾「盛和塾」も、今では国内外問わず有名です。稲盛さんが提唱する、部門別採算方式を採る「アメーバ経営」という手法だけでなく、人としての生き方（人生哲学）と、経営者としての心の持ち方（経営哲学）を学ぼうと、１９８３年に自主勉強会が始まり、全国各地区にその輪が広がっていた時期でした。たまたま２００４年、稲盛さんが徳島に来られて、盛和塾徳島の塾生を倍にしようと、高校時代の友人で建設会社の社長が、旗振り役をしていました。彼から「西は入らないのか？」と誘いを受けました。

稲盛さんのことは「名前と顔しか知らない」と思い、あわてて本を読みました。ああ、こういう素晴らしい人から経営を学ぶことができるならと、「ぜひ入らせてください」とお願いしました。

入って勉強会などでその思想にふれると、いいよね、素晴らしいよね、とは思うものの、最初しばらくはなかなかピンときません。

しかし、稲盛哲学が突如として〝腹に落ちた〟出来事が起きました。しかも、ふたつあります。ひとつ目は、２００４年にベストセラーになった稲盛さんの著書『生き方　人間として大切なこと』（サンマーク出版）を読んでいた時のことです。ドイツ出張の際、たまたまトイレで読みふけっていると、突然、全身に雷が落ちました。

この話を人にすると「いったいどのページですか」と言われるのですが、どのページでもなくて、読んでいるうちに、書かれていることすべてが「ああ、そういうことか」と、腑に落ちたのです。たとえるなら、ビーカーにずっと溜まっていた水が急にあふれ出したようなものです。自分が東京で働いた経験、徳島に帰って悪戦苦闘した出来事、それに直面した時の自分の気持ち、すべてがあふれ出して、「うわーっ！」と感極まってしまいました。

「人生の結果は、考え方×熱意×能力」、「日々の労働によって心は磨かれる」、「災難に遭ったら、業が消えたと喜びなさい」、そして、「働く喜びは、この世に生きる最上の喜び」等々……挙げればきりがありませんが、「あ、この働き方だぜ」と僕は確信しました。これは僕にとっての大きな〝気づき〟の瞬間でした。

ある人が、「稲盛さんは仏教だから、自然なんだよ」と僕に教えてくれました。たしかに、稲盛さんは1997年に在家得度しており、托鉢修行までされています。熱心な仏教信者として知られ、根本にあるのは仏教思想です。その考え方が、僕の中に見事に入って、納得させられたのです。

もうひとつは、2005年に、盛和塾に入って1年くらいたち、例会に参加していた時のことです。例会は、各地から集まった塾生の前で、塾生の経営者ふたりが代表になって、自分の会社での取り組みや体験を発表します。そのふたりの発表者に対して稲盛さんがコメントをしてくれるのがいつもの塾長例会です。

その年の例会で、ある塾生が自社の経営理念の実践を発表しました。今の稲盛さんは、塾生の発表に「俺よりすごい」とたいそう褒めるのですが、その当時は、厳しい指導ぶりでした。その発表の後、「そんなものは経営理念ではない！」と稲盛さんが突然一喝しました。なぜなら、その経営理念は「従業員のことを何もうたっていないじゃないか。そんな独りよがりの経営理念があるか」と指摘したのです。

その言葉を聞いて、僕はまた深く打ちのめされました。うちの会社にも社是社訓があり、朝礼で毎日唱和していました。

【社是】

「技…皆んなで良品をより安くより早く
信…皆んなで信用される誠実な会社に
和…皆んなで築く　明るい職場」

【社訓】

①常に新しい知識を身に付けて受け持つ仕事の第1人者となりましょう
②積極的に仕事に当たり失敗を恐れず常に責任を持ちつつことに当れる人になりましょう
③同僚部下とともに長所を認めましょう
④経験を活用し経験の中から合理性を見いだすことにつとめましょう
⑤心・体を丈夫にして安全と融和につとめ明るい職場にしましょう

形は整えていたものの、なかなか社員さんの心に響かず、何が違うのか引っかかっていたからです。掃除運動も、あいさつ運動もしているけど、何かちょっと違う、一体何が足りないのか……、こういうもやもやが日頃からありました。稲盛さんの言葉を聞き、「ああわかった、社員さんのことを考えていない内容だったんだ！」と、また雷を受けました。

自分がつくった行動規範やあいさつ運動、5S活動に関しては「全部俺が悪かった、ただ俺が掲げた理想をやらせていた。社員に向けて『やりましょう』というのは、いろんなところを押し付けていただけだったのか……『べき論』ばかり語っていた」と猛反省しました。

それから1年間かけて、経営理念を作ろうと決意しました。うちの社是社訓には社員さんのことをうたっていないからです。新しく作る経営理念は、「みんなでこうなろうね」という夢をうたいたいと心から思いました。それから、どんな経営理念がいいのか、1年間試行錯誤していきました。

◇何のために生きるのか？　「幸せになるため」の経営理念

ダスキン創始者の鈴木清一さんは、自分の会社の経営理念を「祈りの経営」と題していて、次のように表現しています。

「一日一日と今日こそは
あなたの人生が（わたしの人生が）
新しく生まれ変わるチャンスです

自分に対しては
損と得とあらば損の道をゆくこと
他人に対しては
喜びのタネまきをすること
我も他も（わたしもあなたも）
物心共に豊かになり（物も心も豊かになり）
生きがいのある世の中にすること」

このように会社の使命をうたい、それと同時に「経営は経営者だけのものではなく、働きさん（社員）全員が経営に参加しているのです。経営の参加者である、一人ひとりが自己変革をして、日々『新しく生まれ変わる』ことを願っています」と明快に宣言しています。この言葉ものすごく響きました。

やっぱり社是社訓と行動規範に足りないものは何かと言ったら、社員さんとどうありたいのか、という部分だったと深く反省しました。人間は何のために生きているのかというと、誰も不幸になりたくて生きているのではありません。みんな幸せになりたいと思って、日々の暮らしを営み、一所懸命働いているわけです。

そして経営に、最終的に何を求めていくのだろうと考えた時に、社員さんのことを僕はどれだけ背負えるのだろうかと、自問自答しました。社是社訓には入っていないけど、やっぱり社員さんの幸せを願うのが一番だろうなと、かみしめました。

そういう風に考えながら、経営理念を作りました。２００６年11月です。僕が社長になる前々年でした。その時の社長である従兄と会長のうちの親父に「新しくこういう経営理念を作ったので入れさせてください。これを社員さんの前で発表していいですか」と頼みました。

「ああ、いいよ」と会長社長の許可を得て、社員さんの前で、「これがうちの会社の経営理念です」と発表しました。２００６年当時の経営理念です。

ものづくりを通じて　みんなが物心ともに豊かになり
人々の幸福・社会の発展に貢献すること

社員さんは忘れているかもしれませんけど、発表の時僕は言いました。

「社員の幸せは私の幸せです。みんなで幸せになりましょう」

今までのスローガンには、幸せと言う言葉が入っていません。しかし経営とは、幸せを追求することでしょう。それは誰の幸せか？　お客さん、協力会社、ここで働く仲間、そして地域だよねと、僕はたたみかけました。でも、それまでは、「目的は幸せです」と正面切って言うことが恥ずかしかったのです。しかしその時から、そんな照れや迷いは吹っ切れました。

そこから、嫌な夢は見なくなりました。ああしなくてはならない、これがいけないんだ、という「べき論」から解放されたおかげです。

それからは、うちの社員さんも含めてどうすべきか、自分が覚悟を決めて引き受ける姿勢にどんどんなっていきました。それによって気持ちがずいぶん楽になりました。

まず、「こうしてあげるから、代わりにこれをしてください」という駆け引きをしなくなりました。見返りを求めるのではなく、あげてなんぼの世界です。もらうのが前提ではなくて、「もらう幸せより、あげる幸せ」を互いに分かち合うことが幸せの第一歩です。絶対そこから価値創造が始まるだと、確信しました。

その後、2013年に、この経営理念は〈私たちのミッション〉へと進化し、〈私たちのビジョン〉、〈私たちの行動指針〉もつけ加えています。

以下が、現在の経営理念です。

【経営理念】

〈私たちのミッション〉

私たちは、「高品質・高機能のパーツ・ナットの創造事業」を通じて、ものづくりを支え、人々の豊かな生活と幸福・社会の発展に貢献します

〈私たちのビジョン〉

私たちは、人づくりを基点に「徳島から世界へファインパーツの極みを発信する」創造力・技術力ナンバーワン企業を目指します

〈私たちの行動指針〉

1. 私たちは、人と人とのふれあいと絆を大切にして、自己の人間力を高めます
2. 私たちは、改善・改革に努め、革新の技術で安全安心の製品を提供します
3. 私たちは、お客様や協力会社、地域の人々、働いている仲間に感謝して、お互いにとってなくてはならない関係を築き上げます
4. 私たちは、社会人としての真摯さ・倫理観を大切にし、関連する法令・規範を順守します
5. 会社は、積極的に人間的成長の場と機会を与え、社員とその家族の物心共に豊かで幸せな生活を支援します

◇本屋だった祖母の教えがよみがえる

経営理念を作って社員さんの前で発表した時に、ひとつの記憶とつながりました。

それは、母方の祖母との会話です。本屋をやっていたおばあちゃんは、20年前僕が帰ってきた時に、まだ生きていました。その時、僕はおばあちゃんにこう言われました。

「泰宏、社員さんが250人おったら、×（かける）4せなあかんのよ」

社員さんの分だけでなく、社員の家族、奥さんと子ども二人の分まで考えて経営しなさいと、諭されたのです。

僕は、前の会社で働いていた時には、そういう働き方をしていません。経営者が社員に思いを伝えて、同じ方向を見て一体となって働くなんていうことは、考えもしなかった。クリエイティブな仕事だからではありますが、一人ひとりがプロとして自立し、自己責任で考えて、自発的に動き、仕事を楽しまなくちゃ人生損だと思い、そういう風に働いてきました。だからおばあちゃんにそう言われた時は「人の人生まで責任持つのはおこがましいんじゃない？」と違和感を覚えました。でもおばあちゃんの言うことだから、反論せず「わかった」と返事をしました。心の中では「それは違う、一人ひとりの主体性の問題で、個人の生き方まで会社がどうにかするものではない」と反駁していました。

でも経営理念を作って、みんなで幸せになろうと宣言した時に、いきなりおばあちゃんのことが脳裏によみがえったのです。「ああ、おばあちゃんわかった。俺は背負っていなかった」と、悟りました。

おばあちゃんが言ってくれたのは、社員さんを背負いなさいということでした。〝愛する〟という言葉と同じです。それまでは、恥ずかしくてそこまで言えなかったし、社員さんに対する責任なんか持たないほうが楽だと思っていました。

しかし、理念を作って、会社に関わる人たちの幸せを追求して、「俺たち幸せになろうね」と、覚悟を決めて言えた瞬間に、おばあちゃんが言っていたことの本当の意味がわかったのです。昔のことだからすっかり忘れていたのに、経営理念とともに、おばあちゃんがありありと出てきました。父方の西精工だけでなく、母方の祖父母を振り返って、おじいちゃんとおばあちゃんが果たそうとしていたことを、ここにいま、受け継いでいるんだと再認識しました。今、僕がやろうとしていることは「大家族主義経営」なんだと。

自分で言うのもなんですが、僕は適性検査やアセスメントを受けると、未来志向とかポジティブとか、とにかく前向きだという診断が出てきます。だから、おじいちゃんおばあちゃんの思いに気づくまでは、時間がかかりました。前向きなことは大切ですが、振り返るということもとても大切だと悟りました。

7章

対話と気づきを積み上げる
大家族主義経営の道のり

◇3年間休まず続いた「乱文通信」

西精工は僕が入社する以前にも社是社訓がありました。前の社是社訓の一文に「みんなで築く明るい職場」とありました。壁に貼った「部門間の壁をなくそう」と一緒で、これでは〝僕たちは暗い〟と言っているのと同じです。それを唱和しているだけで、みんな腹には落ちていない様子でした。

僕が入社して営業担当役員をしていた当時、営業部は6〜7人で、朝礼でこれを唱和していましたが、読み上げて終わりです。そこで僕は、順番に日替わりでいいから、この社是社訓について、「『今週はこうします』と宣言しましょうよ」と提案しました。社是社訓通りになろうとする行動が、少しは具体的になってくると考えてのことでした。

しかしだんだん時代は変わっています。社是社訓にギャップを覚え、果たしてこのままでいいのだろうか？　と疑問に感じるようになりました。「みんなで良品をより安く、より早く」ともうたっていました。これは大量生産大量消費の発想に染まったスローガンです。それって本当か？　と思って、「より安くできるの？」と社員さんに聞いたら、「常務、無理に決まっているじゃないですか。もうできないですよ」と本音が返って来ました。ギリギリまでコストダウンと生産性向上を図っているのに、製品の3割が赤字の領域に入っていました。そんな時に「より安く」と言っている場合ではない。

うちは国内生産にこだわり、生産拠点を海外には置いていません。価格の安さで勝負するなら、中国やASEANの新興国に負けるに決まっています。日本の製造業の生き残りは、技術力を高め、革新を起こし、高付加価値の製品をつくり続けることにかかっています。ならば、少し高くても買ってもらうことがいい。そこで打ち出したのが〝ファインパーツ〟という高品質のものづくりの精神です。これは西精工の造語です。

お客様は「早く」というお客様と、「安く」というお客様、「早く安く」というお客様と、いろいろいらっしゃいます。お客様によってうちに対する要求、期待は全部違う。では何をすればいいかと言うと、カスタマイズの発想です。メインのお客様を20社決めて各社への戦略を決める。全部のお客様に通じる共通のやり方はないのです。このように、事業戦略の在り方を考えるようにもなっていました。経営理念にもとづく事業戦略を打ち立て、西精工の強みを確立しなくてはなりません。

そこで、僕は新しく作り上げた経営理念について、僕が思ったことや感じたことを、毎朝グループウェアで配信して、みんながどう思うのかを聞くことにしました。名付けて「乱文通信」です。

ただし、このやり方はトップダウンではありません。僕が先生になって一方的に教えを垂れるのではなく、「僕はこういうことだと思うのだけど、皆さんはどう思いますか?」と問いかけるやり方です。

経営理念を作ってすぐに、毎日朝の6時から6時半の間に僕は会社に行って、パソコンを持っている社員さん、管理職の皆さん合計80人に配信しました。テーマは経営理念のほかに、創業の精神、大家族主義、あるいは僕が盛和塾で学んだことも取り上げていました。たとえば、「稲盛さんが、手の切れるような製品を作りなさいって言っていますが、うちの会社ではこういう製品のことだと思います。皆さんはどう考えますか」などです。このように、経営理念にかかわる種々のテーマを、毎週ひとつ設定し、平日は毎日送信してきました。

「17時までにみんな返事ちょうだいね」とお願いしていましたが、仕事をしている時には、返事を送るのが大変です。とくに製造現場の人はラインから簡単に離れることはできません。なので、係長がパソコンを持っていますから、僕は係長たちに「係長だけで決めないで、朝礼の時に、他の社員さんにも聞いてみて」とお願いしました。「常務からこんなのがくるんだけど、みんなどう思う？　意見を俺が常務に返しておくから」。そう投げかけてくれれば、80人の社員や管理職だけでなく、その周りにいる社員さんに聞くこともできます。

そうすると、17時までにかなりの数の返事がきます。それを、僕は家に帰ってから読むようにしました。就業中にデスクでふんぞりかえって読んで、「常務って時間あっていいよね」と現場から思われたら、せっかくの理念もただの格好付けにしかならず、皮肉に受け止められます。僕自身、営業もしなくてはなりませんし、現場は製品を作らなくてはいけません。返信を家に持ち帰って読み、次の日は「○○君はこんなこと書いていました。僕はこう思うけど、僕が思っている以上のことを○○君は考えているよね」と、交換日記の返事を書くようにつづります。そうして、また同じテーマを取り上げることで、新たな気づきが生まれて、みんなから返事がきます。

このような対話をずっと続けることで、理念は浸透していくはずだと、僕は狙っていました。続けて、それぞれのチームでこういった対話をやり始めたら、すごいことが起こるだろうなと、ワクワクする気持ちが湧いてきました。僕ひとりが、社員さん250人に対して毎日やるわけにもいきませんから、80人のメールアドレスを持つ社員だけにしたものの、いざ始めてみると、この対話は本当に大変でした。

しかしこれを続けることは、僕にとっての執念でした。絶対に理念を浸透するんだという熱い思いがありました。経営理念という概念は、ちょっとやそっとじゃ一人ひとりの心に入っていきません。しかし、ここだけは、死ぬほど苦労しようと覚悟しました。

毎日18時に帰れれば、それから80人のメッセージを見るのは難しくはありません。しかし、役員ともなると、接待もあれば出張もあるし、不測の業務だってあります。22時、23時、下手すると深夜を回ってから帰ってそれを見て、またA4で1，2枚の分量の文章を考えて、翌日返す。今できるかと問われると、できないかもしれません。

しかし、続けていると、この取り組みはものすごい手ごたえがありました。1日目からもう、80人の返事があったら、ひとりかふたり、びっくりする内容が返ってくるのです。「そうか、そうくるか！　俺よりよっぽどお前の考え方の方がすごいね」と、興奮するような中身がいきなりある。社員さんやリーダーたちの中に既に素晴らしい考え方や思いがあって、それが今まで表に出ていなかっただけだったのです。やり取りがあるうちにそれがどんどん増えてきて、こちらとしては楽しくて仕方がなくなります。

この対話は3年間休みなく続けましたが、東日本大震災が起きた時、「僕の書くことよりニュースや新聞を見て、自分たちに何ができるか考えましょう」と、いったん終了しました。しかし、3年間で、経営理念は、社員さんやリーダーの力で素晴らしいものに肉付けされ、実際の行動に落とし込んだり、実例を通じて感じられたりするほど、具体化していきました。

創業の精神や経営理念は、西精工でも唱和していますが、読み上げるだけでは浸透しません。その意味を、一つひとつ紐解いてフィロソフィー（哲学）として、具体的に明文化したら、もっと素敵なことになるのではないか？ ならば、よし、このやり取りのエッセンスを、朝礼のテーマにしていったら、さらにすごいことが起こるんじゃないか？ 僕の中に新たな構想が膨らみました。

◇対話の結晶「西精工フィロソフィー」

次に計画したのが、「西精工フィロソフィー」づくりです。理念に基づいて、西精工はどう考え、どう行動するのかの原理原則を、200作りました。3年間のやり取りは、膨大な数があります。それを精査してまとめる作業が必要でした。「フィロソフィー創造委員会」を若手4人のメンバーに託して、「乱文通信」を編集し、200に集約してもらいました。

「乱文通信」は僕とリーダークラスのやり取りから生まれましたが、全社員に浸透するには、よりわかりやすく、共通する内容にしていかなくては広まりません。そこで若手の視点で、フィロソフィーに集約してもらうことにしました。

フィロソフィーは僕の思いそのものです。これを使って、チームごとに対話と実践を深めていったら、本当に理念が浸透していくし、ベクトルを合わせられるはず。そこで、朝礼に取り入れようと思ったのです。

朝礼は、良い会社をつくるために、非常に効果的な場であることは、さまざまな会社の取り組みからも明らかです。

経営の勉強をしている時に、いくつか企業視察に行きましたが、そのひとつに沖縄教育出版様の朝礼がありました。だいたい1時間半、時には2時間もかける日本一長い朝礼で知られています。ストレッチ体操に始まり、お客様からのお手紙紹介や仲間へ感謝を伝えるありがとうのメッセージなど、さまざまな社員のスピーチと、経営理念の唱和に社長のお話と、盛りだくさんです。僕が見た時は、そのうち「今日は○○さんの誕生日です」と障碍者が大勢前に出てお祝いし始めました。時に寸劇混じりで、まるで演芸会のような笑いも起き、朝礼の間じゅう、親密な和気あいあいとしたムードが続きます。

ここで僕が何を学んだかというと、場の雰囲気でした。この空気感は何だと思うと同時に、朝礼を見てなぜか涙がぽろぽろ出てきました。一番大切なのは雰囲気だ、この雰囲気を西精工に作らなければいけない——。僕は心の中で決めていました。

沖縄教育出版はワンフロアに社員全員が集まれますが、西精工は本社以外にふたつの工場があり、一斉に集まることが不可能です。それぞれの部課ごとにチームがあります。うちの会社に足りない、あの雰囲気を作るためには何をしたらいいかと思った時に、まず個々の現場のリーダーが軸となって回せる、対話のバイブルが必要だと感じました。

僕は20年前に帰ってきた時にあった、「壁を取り除きましょう」というスローガンを、生きたものにしなければならないと、ずっと考えてきました。それをなくしていくのは、徹底的に畳みかけるように「どう思う?」「どう感じる?」「それでどうした?」「なんでそういう風に思った?」と質問し、それぞれが自分の心に問いかけながら言葉にして、対話していくことで突破口が開けると考えていました。社員さんたちが一所懸命考えた答えを聞いて、それを真っ直ぐに受け止めて、「僕はこう思った」という返事をしています。

そのようなプロセスを踏めば、会社が大切にしているものも、社員さんの中にストンと落ちていくのではないか。そう考えて、会社の経営理念を元に生まれた「フィロソフィー」を、朝礼で話し合う活動をスタートさせました。

社員さんに「200の西精工フィロソフィーが出来ました」と発表した時に、もし社長や外部のコンサルタントが独り善がりで作ったものを出したら「何それ?」という反応もあるかもしれません。しかし、うちの場合は、僕とリーダーたちが3年間ずっと対話したプロセスの結晶です。だから、「意味がわかりません」「なんでそんなこと言うんですか」「いきなり言われても困ります」という反応はありません。

◇朝礼がコミュニケーションと成長を深める

リーダークラスと実践してきた対話を、朝礼ではチームごとでやっていきます。朝礼は、今では1時間くらいに及びます。その間ラインを完全にストップするのではなく、自動化で製造できるものは回しておく、準備は前もって済ませておくなどの工夫をしています。仲間同士で、「どうしたら自動化できるのだろう」と考えながら、自ら挑戦しています。やらされ感はありません。

西精工では始業後に朝礼をしていますが、業務の中で一番大切なのは朝礼です。「1時間も取られて生産性が下がるのでは」という疑問はもっともですが、フィロソフィーの中には仕事のヒントがたくさん詰まっています。困った時にはこういう対応をすればよいという指針になり、リーダーや先輩に困りごとを相談できる場にもなります。それによってコミュニケーションがより深まります。

第一、生産性を落としているものとは、本質的に何かというと、〝人間関係〟です。皆さんも心当たりがないでしょうか。わかりやすく言うと、「言った・言わない」の言い争い、「俺聞いてねえ」というコミュニケーション不足、「あいつ嫌いだし、苦手なんだよ」という負の感情。これらがあることで、生産性がものすごく落ちていきます。当人同士の好き嫌いだけではなく、第三者的な関わり方でも、「あのふたり、仲が悪いからどうしよう。リーダーは気を遣って困るよね」とか、「社長と常務って仲悪い」という場の雰囲気だけでも生産性が落ちます。

1時間の朝礼をしていると、少なくとも人間関係はよくなっていって、チームワークが醸成されていきます。そうすると、お互いが助け合う関係ができ、生産性は上がっていきます。8時間働くうちの1時間をそれに使ったら、生産性は上がっても下がることはない、というのが僕の持論です。

フィロソフィーは、ただ、1ページずつプリントアウトしたものを紙ファイルに綴じているだけですが、朝礼で自分が考えたことを書くメモ欄があり、それぞれ気づいたことを書き込んでいます。朝礼の進め方は、それぞれのリーダーごとに任せています。次に、実践しているリーダーからの声をご紹介しましょう。

製造本部　製造部　製造一課　成型二係　係長

大久保　浩司さん

朝礼は人それぞれの考え方を知る成長の場

製造一課ではフィロソフィーを元に朝礼で対話するのですが、この1時間は、皆の人間味を活かす場になっています。ひとつのテーマを読んでも、メンバー20人いれば20通りの考え方があることに驚き、そのフィロソフィー自体も、社長がどういうことを伝えたいのだろう、意図は何だろうと皆で考える場になっています。

内容の中には、正直、自分もメンバーも理解できないところがあり、それを対話の中で、「社長が伝えたいのはこういうことではないか」と、仮説を立てながらお互い勉強していきます。メンバーから「これについては意味がわからんのですけど」と質問があれば、私が咀嚼をしていって伝えていくことを繰り返しています。時にはそれによって、「人はそれぞれ考え方があるんやな」と気づいた時に、ちょっと自分も成長できたかなと感じることができます。

僕は今チームで何が大切かを考えた時に、仲間を裏切っちゃいかんという心をつくっていくのが大切だと思っています。その心をどうつくっていくかが、難しいところでもありますが、何かひとつの仕事をするにしても、自分が仲間に与える影響を理解して、「自分の背中を後輩が見ているぞ」ということを一人ひとりが理解していったら、前向きな行動になってくると信じていますので、そういうことを含めて仲間を裏切っちゃいかんという心をつくっていくことが、チームづくりには大事です。

製造本部　製造部　製造一課　成型一係　係長

小椋 昌敏さん

一人ひとりの状態を細かく把握するのがリーダーの務め

リーダーとして、まずチーム一人ひとりの状態を把握しておかなければならないと日頃思っています。たとえば朝礼で、「工場の隅の汚れが気になるので、掃除をがんばります」と言ったら、チームメイトがやったことをしっかり見ておいて、朝礼や何かの場面で必ず、「しっかりできよったな」と言ってあげます。そうしないと、本人のモチベーションは上がらないし成長していきません。大切なのは、朝礼での発言を行動パターンまで落とし込んでいくことです。「お客様のために~する」と言った時、「これが何につながるのか」という部分を、個々の特徴を考えながら対話することにより、朝礼自体が成長の場となります。朝礼もそうですが、日常業務においても、チームメイトを観察して気づいたことは積極的に注意するようにしています。

今のうちのチームは助け合いを率先しようと掲げており、仕事に手を抜くなどのチームワークを乱す行動を厳しく律しています。たとえば、チームでは「工場内に落ちて死んでいる虫を拾う」と決めています。そこで気づいていながら放置しているということは、自分本位であり、これは仕事への姿勢として明らかに反映されるもので、成長の度合いが進んでいない証拠です。こういう機会を通じてチームメイトの心の状態を把握し、フィロソフィー朝礼での対話で、正しい方向に導こうとしています。

朝礼は、緊張する人もいますが、大概の人がしゃべれます。特にしゃべりのうまい人を採用しているわけでもありません。どうしてしゃべれるかというと、職場の空気がつくる「安心感」があるからだと僕は思います。何をしゃべってもいいし、否定されません。ただ、調子に乗ってしゃべっていると、本筋から離れていく時がありますから、話の引き戻し役は係長（リーダー）がやります。

それでもしゃべることが苦手な社員さんのために、考える前の段階として、「思ったことをまず口に出してみようよ」とアドバイスしています。しゃべるために、最初は「昨日食べたラーメンがうまかった」でもいいから話してみること。しゃべり慣れていないなら、まず自分の好きな分野のことから始めると、話しやすくなります。次に、「なんでうまいと思う？」「どこがうまい？」とこちらから聞きます。「コク？　麺の硬さ？」と（笑）。「そこまで言わないと伝わらないよ」と言います。そこからだんだん考えるようになるのです。

ラーメンでなく「オリンピックのことを話しましょう」「阪神タイガースの今シーズンの成績」でもいい。そこから始めて、しゃべるという能力がついた次に、さらに深掘りして考えてしゃべる。そこからフィロソフィーが話せるようになってほしい。

今のように社員さんが話す前は、僕とか経営幹部がしゃべっていました。しかし、これはあんまり効果がないことを実感しました。経営者やリーダーから伝えようと思っても、社員さんは笑顔にならない。社員さんに笑ってほしい。だから社員さんにしゃべってもらう方向に切り替えました。それに、話すと誰かが聞いてくれているから笑顔になれます。経営者やリーダーがしゃべってもまず聞いてないものです。

司会進行は、いつもリーダーがやるわけではありません。社員さん全員が順番で回します。消極的な社員さんでも、やっぱりチームの雰囲気で話せるようになりますし、手を挙げさせて話題を進めていくこともできてきます。それができるようになるのは、場の力です。司会役の隣に係長がいますが、時々深掘りして、もっと考えさせるのが役目です。

うちの朝礼は、社員さんにしてみれば歯磨きと一緒で、毎朝やらないと気持ち悪い。あるリーダーはこう言います。「この1時間の朝礼で、今日1日の全部が決まる。このあとどういう働き方ができるかっていうのは、この1時間の朝礼をしっかりやれば、今日1日の終わり方が決まる」。だから、朝礼が上手くいった時の生産性は上がっているし、チームワークも発揮できているといえます。

部署の中には、自分のイメージ通りに朝礼が終わらない時は、1時間以上やっているところもあります。ここにリーダーの差が出ます。

また、うちの朝礼は、リーダーが代わることがあります。普段仕事をしている仲間とするのが通常の朝礼ですが、それだけだったら同じような考え方になってしまうので、リーダーが交替して、違う工場の朝礼に行くこともします。

思えば、僕がマスコミで働いていた頃は、現場はクライアント先だったり、イベント会場だったり、テレビ局だったり、雑誌の撮影所などが現場でした。だから、みんなが朝から集まって思いをひとつにするという機会はありませんでした。しかしものづくりの会社は輪になって、現場ごとにチームワークを磨くことができるのが素敵なことです。西精工では、社是社訓の単なる唱和から、経営理念とフィロソフィーが朝礼へと変化し、チーム単位での腹落ち、深掘りができるようになり、社員さんそれぞれの成長につながるようになりました。朝礼がこのようにどんどん変化し進化していって、今のような状態になっています。

◇リーダーシップ勉強会

それに加えて、力を入れているのは、リーダーシップ勉強会です。現場が自発的になるには、社員さんの成長を支え指導するリーダーの存在がカギになります。そこで、約1時間強、月に4回、僕が講師となって勉強会をしています。最初はリーダーを対象に行っていましたが、「自分自身が自分のリーダー」という考えのもと、今では全社員で学んでいます。みんなで学んで、いい人生、いい働き方、いい家庭を作ろうじゃないかという姿勢で取り組んでいます。

ある年はドラッカーの『マネジメント』に出てくる、3人の石切り職人の挿話を題材にしました。

旅人がある町を通りかかった時、その町では新しい教会が建設されていました。建設現場には3人の石切り職人が働いていました。旅人は1人目の石切り職人に聞きました。

「あなたは何をしているのですか?」

「お金のために働いています」と答えます。2人目に同じ質問をすると「技術を磨いています」。

３人目は「多くの人々の心の安らぎの場となる素晴らしい教会を作っているのです」と答える。僕はこの働き方をしてほしいなと思って、ずっと月４回の勉強会を重ねてきました。

この勉強会でも、僕なりのストーリーを作っています。10年前に僕は言いました。「あなたの仕事はなんですか」。うちの社員が言いました。「ねじを切ってます」。以上です。なかなか想定通りに行きません。10年この勉強会をしていますが、今はどう言うか、試しにやってみました。

「あなたはどんな仕事をしていますか?」「ねじを切ってます」（笑）。ずっこけました。社長の思いがすべて伝わっているわけではない。

でも、やり続ければいつか気づく可能性はありますから、辛抱強くやるしかない。なんのために働くのか。それは、仕事のなかで、貢献が一番楽しく嬉しい幸せだということです。誰かの役に立つことが、会社に来る最大の理由だと考えます。人の幸せのために働くのは、うちの会社の創業の精神そのものですから、３人目の石工の働き方をしてほしいのです。

リーダーシップ勉強会では、「でもやっぱり、苦手な人がいます……」という、対人関係の葛藤も参加者から聞こえてきます。

今、僕には苦手な人はいません。なぜなら目的意識の方が強いからです。ミッションステートメントをしっかり心に植え付けたら、目的意識が生まれます。この仕事が苦手とか、面倒臭いとか、この人が苦手という意識がなくなります。意識を作っているのは、自分の心。苦手と思わなくなれば楽になります。もちろん仕事には、個人個人、ほかの人に比べて遅い、上手下手はあるかもしれません。でも「苦手に思う意識をなくすことはこの僕もできたから、みんなもできるはずですよ」という話はしています。

リーダーシップ勉強会で学ぶことはほかにもあります。ひとつはスティーブン・R・コヴィーの「7つの習慣」です。7つの習慣とは、第1の習慣「主体性を発揮する」、第2の習慣「目的を持って始める」、第3の習慣「重要事項を優先する」、第4の習慣「Win-Winを考える」、第5の習慣「理解してから理解される」、第6の習慣「相乗効果を発揮する」、第7の習慣「刃を研ぐ」の7つ。1~3は自己の主体性、4~6は人との関係性、7は自己と他者の再統合です。

最初は主体性を発揮する自分をつくります。放任しただけでは、主体性はなかなか勝手にできてきません。自分で仕組みを作る、あるいは会社のほうから主体性が出るような仕組みや仕掛けの用意が必要です。そこでようやく、自分の目的や目標がわかるようになって、優先すべきことはなんなのかがわかってきます。

次に学ぶのが、他者との関わり方です。誰かの幸せに絶対貢献するというミッションがあれば、他人と関わらざるを得ません。1、2、3を一所懸命鍛えていって、4、5、6に進む。Win-Winを考えたり、理解してから理解されたり、そうして相乗効果を発揮していきます。これをずっと10年間社員さんと勉強してきました。

次に、リーダーシップ勉強会は、生き方・働き方の勉強会であり、社員さんからのレポートを僕が読んで深掘りをしていくというやり方をとっています。社員さんは聞いているだけ。僕がひとり深掘りしますが、ごくたまに当てます。あとは、朝礼でも、僕は横にいるだけですが月に1回だけ、全体朝礼では全身全霊、魂を込めて僕がしゃべります。

リーダーシップ勉強会では、一人ひとり病気のこととか家のこととか、自分自身の問題を書いて提出してきます。これを僕が深掘りしていきます。レポートは1人1枚、それを15枚くらい紹介します。中には、自己分析が足りなかったり、根本的な問題点まで突き詰めて考えられていなかったりするレポートもあります。それを僕が読み解きながら、きっと、彼はこう思ったからこう書いてきた。「でも、ある部分が書いていないから、また次の勉強会に使えるように、生々しいことかもしれないけど書いてきてね」とお願いします。

それを続けていくことで、社員たちに「腹の底から深く考える」回路が出来上がってきて、人間力が高まっているのだと思います。

仕事だけでなく、家庭の問題もテーマになります。僕自身を振り返ると、経営者にはありがちですが、いい家庭ができているのかと言うと……残念ながらまだまだです。社員のレポートを読みながら、自分が反省する機会がとても多くあります。大家族主義だからこそ、アフター5や週末も、会社の仲間とともに過ごすことが多く、「もうちょっと家庭では謙虚になって、もっとかみさんとか子どもの話を聞かないといかんよな」と、つい省みてしまいます。

かみさんのお父さんは杉並の区会議員をやっていた立派な方で、家にほとんどいないくらい、議員の仕事に熱心でした。なので、かみさんは僕の働き方には理解を示してくれています。子どもがいま上の男の子は高校生、下が中学生です。リーダーシップ勉強会で家族の大切さを語り合った日は、家族と日々のできごとを一緒に話すだけで、かみさんや子どもたちがなんだかいつもより優しく感じることはあります。本当は、家族の態度は変わっていないのでしょうが、自分を振り返る勉強をすることで、日頃の自分は近視眼的になって、いかに周りが見えないのか気づきます。

会社では、問題を見えるようにする仕組みがたくさんありますが、家庭のマネジメントはなかなか会社の仕組みを入れるわけにもいきません。ただ、勉強会は自分が全部材料を作って仕組みを提供していますから、すればするほど、会社での学びが家庭での問題にも気づくきっかけになっています。

ところで、僕のスタイルや性格はご覧の通り、根っからポジティブですが、明るい人ばかり西精工にいるでしょうか。決してそんなことはありません。明るい人ばかりだと、職場がやかましくてかないません。物静かにじっくり考えたりできる人材も、仕事の場ではとても大事な存在です。こういうこともリーダーシップ勉強会ではテーマになります。

人はみんな違います。考え方や物差しも違えば、宗教観も、生きてきた環境も違い、お父さんお母さん、おじいちゃん、おばあちゃんもルーツが違う。人それぞれの強みも全部違います。足が速いことや、話がうまいことを羨む必要もないし、自分は他の人にない強みを絶対持っているのだから、それを伸ばしていけばいいのです。ネガティブな人は、慎重で用心深いという面が、強みになるのです。

でも本当にネガティブな人は気分が落ち込んでいきがちです。そういう人はどうすればいいかと聞かれることがありますが、僕の答えはシンプルです。ネガティブな人は、ポジティブな人を横に置けばいい。本当にポジティブな人はネガティブな人を横に置いても平気です。ポジティブな人が前向きな方にネガティブな人を持って行ってくれるでしょう。

僕はのちに創業の精神を再定義し、そこで最初にうたったのは、「人間尊重の精神」です。みんな人間は違う。その中で強みを発揮していけば、強みが弱みを補っていける。強みを発揮して自分らしくするのが人間尊重の精神です。皆お父さんお母さんがくれた強みが絶対あるわけだから、隣の人を見て自分を嘆く必要もない。自分に合った強みを発揮してもらっていいじゃないか。こういう気づきを、リーダーシップ勉強会では日々生み出しています。

◇社員さんが作ったビジョン

2009年8月には、経営ビジョンを作りました。現在はさらに進化して次のようなものになっています。

〈私たちのビジョン〉
私たちは、人づくりを基点に「徳島から世界へ　ファインパーツの極みを発信する」創造力・技術力ナンバーワン企業を目指します

前段でも紹介したファインパーツとは、若手リーダーを集めて「ビジョン創生委員会」を立

ち上げて生まれたコンセプトです。西精工の強みであり、目指すモノづくりとして「高精度・高品質・極小」のパーツ製造を志向しようという考え方が生まれました。それがファインパーツです。

つまり、このビジョンは社員さんが作ったものです。ミッションはトップダウンでいいと思いますが、ビジョンはボトムアップじゃないと実現できないものです。みんなでわいわいがやがや考えて、このミッションを果たすために、こういうことをしようと、全員で知恵を絞って作りました。ファインパーツという素晴らしい言葉ですが、私が考えたのではありません。今となっては、誰が考えたんだっけ？　というくらい、みんなの共通言語になっています。京セラさんは「ファインセラミック」という造語を使っています。われわれもそこに近いイメージで、われわれが目指す価値のあるパーツとかナットを想定しています。逆に言えば、ファインパーツ以外はもう作りません、というコンセプトを表しています。

われわれの作っている製品の中には、たとえばある高級外車の社外秘の部品も作っています。その一方で、ホームセンターで販売する六角ナットも作っています。どちらが良い悪いではなく、両方価値があります。なぜならホームセンターの六角ナットは、赤字を出していません。「外国製を使ったら、購買客からクレームが出て困るんだ。だから高くても西さんのナットをぜひ使いたい」と言われます。だからきちんと粗利が上がるものを売っています。お客さまから「これ素晴らしいね」と言われ、喜んでもらえる製品が、ファインパーツです。あるいは、うちも潤うけどお客さまも粗利が獲得できるという製品だって非常に価値があります。お客さまがコストダウンを20年していても、作って赤字にならない製品。そんな製品があったら素晴らしい。そういうものだけを作っていこうと決めました。

このように、ファインパーツの定義はいろんな角度からとらえることができます。ただ、そこへの切り替えは非常に難しい。高付加価値な製品は小ロットになることが多いものです。新製品は15種作ろうと言いながら、30種は作っています。製品点数は目標の倍できても、小ロットだから、なかなかうまく切り替えが進まなく、思ったよりも売上、利益が伸びてないというのが現状です。しかし、われわれにはファインパーツという明確なビジョンがあり、3年後、5年後、10年後にここに行きたいという設計図があります。その設計図通りに作っていけば、必ず最終的に売り上げ、利益は上がっていく。だから「不安がることは全然ないよ」と僕は社員さんに話しています。

売り上げ、利益は最終的な目的、目標ではありません。目的は、お客さんにファインパーツを提供して、喜んでもらうこと。そういう製品を創造できれば、ミッション、ビジョンは必ず実現できるのです。

このビジョンを社員さんでつくっていく過程では、リーダーシップ勉強会の学びが効いていたと思います。勉強会では、僕は社員さんの答えを導いていきます。彼らのレポートを読んで、彼らが本当に言いたいこと、思っていることを考え、仮説を立てて質問したり確かめたりします。考えていることを彼ら自身が言語化し、深めていきます。そのようなやり取りから〝ファインパーツ〟というあるべき姿が、浮き彫りにされたと考えています。

仕事の中でも、仮説を立ててやってみせることは、応用ができて、役に立つ方法です。お客様に喜ばれるサービスかどうか、まずやってみて喜ばれるのだったら、こちらが考えていたことが合っていたことになり、成功事例になります。さらに、もっと喜んでほしい時は何をやったらいいのだろうと、試行錯誤を繰り返すのです。現場のものづくりだったら、たとえば金型を変えたら、もっと耐久性が出るのではないかと、やってみることができます。結果が悪く出た時は元に戻せばいいだけですから。

仮説を立ててやってみるということは、日々のコミュニケーションの中でも生かせます。きっとこの人はこういうことが言いたいんだろうな、でも表面的にここまでしか言えてない、そういう時に言葉を投げかけていったら、本質的なことが出てきて、それを皆で共有できたら素敵なことになります。

◇父親との「対立」を経て「対話」へ――「創業の精神」誕生秘話

経営理念を作ったあとは、2010年に「創業の精神」を作りました。創業者である僕の祖父がどういう会社を目指していたかを明文化したものです。これは僕と親父が、2泊3日合宿して、親父に、おじいちゃんの行動や考えを思い出してもらいながらつくった、西精工の原点です。僕と親父のふたりきりではなく、コンサルタントにも聞き役としてフォローしてもらっています。

作って8年くらいになりますが、親父は一緒に作りに合宿しに行ったことを忘れています。とぼけているのかもしれませんが、それだけ創業の精神が、自然な流れでできたからでしょう。

【創業の精神】

1. **人間尊重の精神**
人間尊重の経営で、人と人とのふれあいと絆を大切にした、明るく活気のある会社を創りたい

2. **お役立ちの精神**
独自の技術開発力とサービスで、カスタマイズされた製品を提供し、お客様の価値を創造したい

3. **相互信頼関係の精神**
お客様とお取引先との信頼関係を丁寧に築きあげて、相互繁栄をはかりたい

4. **堅実経営の精神**
身の丈に合った堅実経営で、会社を末永く存続・発展させて、地域社会に貢献したい

5. **家族愛の精神**
社員は一番大事な家族と一緒、大家族主義で社員の幸せを追求したい

創業の精神は、人と人との関わりしか書いていません。お客様との関わり、地域との関わり、協力会社との関わりです。たとえば、夏の暑い日にうちのおじいちゃんがお付き合いのある鉄工所を訪ねて、麦茶を一杯飲みながら「お前のとこは、繁盛しているか」という声かけがあったという話などです。

親父の思い出話を聞いているうちに、僕が小学生の時に親父に連れられて、西精工の阿波踊りの連（れん＝グループ）に行ったことを思い出しました。「西精工連」では、社員さんみんなで楽しく踊っていました。今はなくなりましたが、すごくいい雰囲気だったことが、小学校低学年の時の記憶として、強烈に印象に残っています。

僕が東京から帰って入社した時にも、その時に太鼓を叩いていたおっちゃん、笛を吹いていたおっちゃんはまだ働いていたのに、会社はそういう雰囲気ではなかった。

「西さん、よく西精工を変えましたね」と、会社の改革の物語をするとよく言われますが、僕は「変えていません。昔の雰囲気に戻しただけです」と答えています。昔からうちは、大家族主義経営だったのです。西精工は今95歳です。昔から受け継いできた社風がなければ、とっくに潰れていたはずです。でも、しばらくそれをあまり大切にしていなかった時代があったため、一部しか残っていなかった。だから僕は、創業の精神をつくり、昔の原点に戻しているだけなのです。

創業の精神を明文化したほかに、その解説書があり、一つひとつの創業精神がどういう背景で生まれたのかの物語が書いてあります。祖父が目をかけていた人が、独立する時に、代金出世払いで製品を送ってあげて、お客さんを助けてあげた、おじいちゃんの男気あふれるエピソードなどがたくさん残されています。今でも、「あの時、お前のとこのな、おじいさんにお世話になってなあ……」と、何度も同じ話をするお客さんがいます。出世払いをしていた会社が、「少しは儲かってきましたので、お金を返します」と言っても、「もっとちゃんと儲かってから返せ！」とおじいちゃんが言っていたという話も聞きました。

今でもその会社は、売り上げがとても大きいわけではないのですが、信頼関係の精神が脈々と残されています。僕もそこの社長と年2回は、食事に行ったりお酒を飲んだりしています。

創業の精神が出来上がった瞬間に、うちの親父がこう言いました。

「お前、おじいちゃんみたいだな」

〝あ、これで繋がったんだ！〟と、僕は胸が熱くなりました。親父が自分の息子に向かって、自分のお父さんみたいだなと言っているなんて……。これはうれしかったし、これだ！ と思いました。しかしコンサルタントから「これは1か月寝かせておきなさい」というアドバイスもありました。1か月経っても違和感がなかったら、それは本物だから出来上がり、というわけです。「わかりました」と返事をして、1か月寝かせてこの内容になりました。

話は変わりますが、どうして子どもの不登校が起こるのか、皆さんは想像できるでしょうか。僕は、不登校と会社での働き方は一緒だと考えています。

たとえば僕は月曜に会社に行くのが楽しみだと思っています。学校も、大好きな友達や先生がいれば、早く会って話したり遊んだりしたいから、学校が楽しくなります。会社もそういうふうに作っていきたいのです。

親父にも言われました。

「お前、学校作っているわけじゃないのに、会社が学校みたいだな」

じつはこれは嫌みで言われたのですが…。しかし、正直に振り返ると、30歳以上年の違う親子が価値観をすり合わせ、ベクトルを同じ方に向けるというのは、なかなか難しい局面がありました。社員が一番大切という価値は合っています。そのためにどういうプロセスを創造し、親父や伯父、従兄に納得してもらうか、自分なりに苦闘がありました。価値観の違う相手に、いかに腹を立てずに、ときに笑いやユーモアを交えてかわしていくか。経験を踏んでいくうちに、渦のなかに先代、先々代を巻き込んで入れてしまう、といったやり方ができるようになっていきました。

皆お互い、それなりに認め合っているものの、社員さんが社風や考え方に合わずに辞めていってしんどい思いもしました。しかし、一番しんどいのは、親や親族と考え方や価値観が合わないことです。

あいさつ運動を一所懸命にしていた時、「俺がここまでやっているのに、どうして社長の親父はやらないし、わかってくれないんだ」といういら立ちがありました。親父が社員さんを見て「あいつはあいさつせんな」と言うこともあり、ならば自分からはあいさつしているのかよ？と、僕は面白くなく感じていました。それで、親父と大ゲンカをしたこともあります。

13年ほど前のクリスマスの日、親父とおふくろと、僕のかみさんと幼い息子、娘はまだお腹にいた頃ですが、一緒にご飯を食べに行きました。あいさつ運動、掃除運動で、会社を変えていこうと躍起になっていた時代です。クリスマスディナーだから、楽しくやりたいのだけど、どうしても親父が僕の前に座ると、仕事の話になります。僕のやり方に口を出す親父に向かって、ついに言ってしまいました。

「あんたね、俺がここまでやっているのに、あいさつが大切だと思うんだったら、あいさつ運動でもちょっとしたらええやんか。朝一番に会社に行って、おはようとか言いなよ。それが一番効くんだよ。あんたが社長じゃないか！」。

険悪な言い争いが始まりました。うちの家族もほかのお客さんも、みんなびっくりして遠巻きに見つめます。僕は立ち上がって、

「おい！　みんな帰るぞ！」と叫びました。もう最悪のクリスマスです。

しかし僕のかみさんはそこで、「はい、帰ります」という人ではありません。かみさんが僕をいなして、その場を取り持ってくれました。

家に帰って、僕はかみさんに「俺の言ったことは間違っていたと思う？　間違っていないよな」と、憤慨しながら同意を求めました。すると、かみさんはこう言いました。

「そうね。でもダメよ、本当のこと言っちゃ」

一番上手なのはかみさんです。ひょっとしたら、親父もうちのおふくろに諭されているかもしれない。正直、奥さんってすごいよな……とうな垂れました。

その時は、俺がここまでやっているのに、それをわかってほしいという思いでいっぱいになっていました。しかし後になって振り返ると、そんなことを言っているようでは、何も成長しないし、親父ともうまくいかない。未熟な振る舞いです。

やがて時を経て、親父との対話ができたことによって、みんなが納得できる創業の精神ができました。

◇体系化に7年かかった「創業の精神」と「経営理念」

これを作った瞬間に「今までの社是社訓は捨てます」と、相談役になった親父と会長の従兄に宣言しました。僕が社長になって2年後です。親父と従兄はびっくりしていました。しかし、創業者の思いが入っているほうが、会社のスピリットにはふさわしい。社是社訓は、約50年以上前に当時の取締役総務部長が制定しており、日本が右肩上がりで成長し、西精工が大量生産していた時のものです。当時はこれで社員さんを引っ張っていけたと思います。でも、このままではこれから社員さんを引っ張っていくことにはならない。もうひとつ、何よりも、社員さんがどういう存在であり、西精工でどうあってほしいのかを書いていない。会社の柱を入れ替えなければならない時が来ていたのだと思います。

振り返ると、２００６年に新たな経営理念をつくり、２００９年に、最初の「経営ビジョン」と「行動指針」を制定、その後２０１０年に「創業の精神」をつくり、そして、２０１３年にようやく今の経営理念である〈私たちのミッション〉、〈私たちのビジョン〉、〈私たちの行動指針〉にたどり着きました。これらの理念は、いきなりできたわけではなく、ゆっくりと体系付けができたものです。

創業の精神には、「人間尊重の精神　人間尊重の経営で、人と人とのふれあいと絆を大切にした、明るく活気のある会社を創りたい」とあります。これはミッション「人々の豊かな生活とビジョンの「人づくりを基点に」を通して、行動指針として、「私たちは、人と人のふれあいと絆を大切にして、自己の人間力を高めます」と、ひとつながりの思想になっています。

もうひとつわかりやすい部分を見ましょう。創業精神の5番目は「家族愛の精神　社員は一番大事な家族と一緒、大家族主義で社員の幸せを追求したい」という言葉は、行動指針の「会社は、積極的に人間的成長の場と機会を与え、社員とその家族の物心共に豊かで幸せな生活を支援します」。この文言と串刺しになります。「高品質・高機能のパーツ・ナットの創造事業を通じて」という言葉は、最初に経営理念をつくった時にはなく、後でつながりを考えながら加えたものです。

これらの創業の精神と経営理念を、今では社員さんみんなが暗記しています。採用の時も、今うちの会社を受けに来る人は、全部覚えてきます。中途も高卒も大卒も、最終面接に来るまでに全部覚えてくるのが、合格の条件です。なぜなら、うちの会社の仕事は、全員がこれを地でいきたいからです。

経営理念をつくっても、ただ壁に貼っているだけでは生きた言葉になりません。言葉を血の通ったものにするために、その理念についてどう思うのか、僕と社員さん、そして親父とまず対話をして、そこに真の意味を見出だし、お互いが共有する思いに磨き上げる必要がありました。社員さんの幸せ、お客様の喜び、お互いが幸せになる在り方とは何かを追求した苦心のプロセスを経て、すべての経営理念に結晶化していったのです。

再度、現在の経営理念を紹介したいと思います。

【経営理念】

〈私たちのミッション〉

私たちは、「高品質・高機能のパーツ・ナットの創造事業」を通じて、ものづくりを支え、人々の豊かな生活と幸福・社会の発展に貢献します

〈私たちのビジョン〉

私たちは、人づくりを基点に「徳島から世界へファインパーツの極みを発信する」創造力・技術力ナンバーワン企業を目指します

＜私たちの行動指針＞

1．私たちは、人と人とのふれあいと絆を大切にして、自己の人間力を高めます
2．私たちは、改善・改革に努め、革新の技術で安全安心の製品を提供します
3．私たちは、お客様や協力会社、地域の人々、働いている仲間に感謝して、お互いにとってなくてはならない関係を築き上げます
4．私たちは、社会人としての真摯さ・倫理観を大切にし、関連する法令・規範を順守します
5．会社は、積極的に人間的成長の場と機会を与え、社員とその家族の物心共に豊かで幸せな生活を支援します

8章

社員一人ひとりが、ドラマの主人公

◇理想は「月曜日から行きたくなる会社」

西精工はホワイト企業大賞を２０１７年に受賞しましたが、じつはうちの会社は〝ブラック企業〟ではないかと思っています。あるチームは、１時間の朝礼とは別枠で、たっぷり品質の話ばかりしています。昨日どういうことがあったか、どう思ったか、今日はどう変えていくかを話し合います。かなり厳しいですし、結構ブラックです。

会社で働く時に、いったい価値観としてなにを優先するかですが、働く環境として、なにもかも全部真っ白な会社はないと、僕は思っています。だからといって、働き詰めにするのがいいというわけではありません。社員さんの人生を考えれば、プライベートな時間も大切です。ただ、仕事に熱中して打ち込む時は、ときに黒くなる時があっても、みんなの働きがいや生きがいが損なわれていなければ、それは「白」ではないでしょうか。そこでポイントとなるのは、主体性の問題です。仕事をやらされているか、あるいは反対に、自ら楽しく取り組んでいるかの差です。だから目指すのは、「月曜日が来るのが待ち遠しい会社」づくりです。

僕は、社員さんに「たまに強制力を発揮しなければならない」と言うことがあります。僕もときどき、強制力は発揮します。ボランティアの参加を例に考えてみましょう。西精工はボランティア活動にかなり積極的です。経営理念ができてから、手始めに社外清掃の活動を始めました。工場のポリ容器洗浄の時と同じく、僕ひとりから始めた活動です。しかし、これが根付くまで10年以上かかりました。

稲盛さんは「理念は血肉化しないといけない」と教えています。西精工の経営理念を創って「今すぐ血肉化するには何ができるだろう?」と思った時に、僕はやることがすぐに思い浮かばず、とりあえず、ほうきとちりとりを持って、早朝に地域の掃除をすることにしました。そうすると、1週間にふたりのリーダーがついてきました。「よし、順調だ。これは大変なことが起こるぞ」とガッツポーズをしましたが、結果は1年間そのふたりだけでした。良いことを実践していても、思うようにことは進みません。

1年経って、さすがに3人では寂しい。部課長に「一緒にやりませんか?」と誘いました。次は係長くらいついてくるだろうなと思っていましたが、それでも、次の1年間は部課長しかついてきません。……組織の中で運動の輪が広がるスピードは、かくもゆっくりです。

次のタイミングで1年後は係長もやる気になってくれるだろうかと、待ったものの、やはり付いてきません。このままでは、活動が停滞してしまう。「そろそろ一緒にやりませんか」と、ついに僕から強制力を発動することになりました。一部の役職者ばかりやるだけでは、社風にはなりません。やはり大切なのは現場です。

僕は社員さんによく「はい、いくぞ!」と社外の活動に引っ張り出します。やってみると充実感が絶対にあるからです。「参加してどう?」と聞くと「いやーよかったです」という答えが返ります。最初はちゅうちょしても、やってみることで、人のために役立つ行為がいかに楽しいことかに気づきます。こういう社外を舞台にした活動は、意識が高まらないと勝手に動きだしません。今うちの会社は、前向きな仲間がだんだん育っていて、同僚や後輩を引っ張っていく風土ができつつあります。

さらに、リーダーがメンバーの手をもって連れて行きなさいと勧めます。ことわざには「馬を水辺に連れて行くことはできても、水を飲ませることはできない」とありますが、「おいしくない」「喉は渇いてない」と言うのだったら、違う川に連れて行きなさい、ということです。良いことを勧める時には、ときどき強制力を発揮するのも教育です。

ただその時に、「こういう良いことが起こるよ」と、意義をきちんと伝えることが重要です。それに僕が社外清掃をやり始めたのには、隠された意味があります。

ものづくりは自分の工程だけをやっていたのでは、製品ができません。前工程、後工程があり、前後の工程を気にかけながら、計画と作業を進めていかなくてはならない。作るだけでなく、販売する営業のことも気にかけます。ではどうしたら、そういう心が養えるでしょうか。それを学べる身近な教材が、地域の掃除なのです。

自分たちの内側だけでなく、外側の場所も掃除していくことで、周りを気にかける精神ができてきます。ものづくりは、そういう心の在り方が絶対関係していると僕は見ています。しかし、活動の最初は僕からそんな答えをいきなり言いません。全体の半分くらいが付いて来てくれて、残りの人をどう巻き込もうかと思った時に、たとえ話をしながら理解を促します。「どうしてこの製品は、クレームが出るのかな？　自分たちだけでなく、周りとの連携はどうなっているの？」と、問いかけて理解を深めていきます。

もうひとつは、ものづくりの現場で、隣の仲間が浮かない顔をしていたとしましょう。「どうして仲間が悩んでいるのに、それに気づかないの？」という、感性と思いやりの問題です。社外清掃は、自分と身内ではなくよその人々のことを考えて、一所懸命きれいに磨き上げることで、相手も自分も気持ち良く生活できる。そういう行動が身につくと、チーム内で悩んでいる人の状態にも気づいて、声をかけられるようになります。掃除は人間関係を作り、気づきのレベルを高くするという効果があります。

また、社外掃除はものづくりのレベルを、一段階あげることにもいい影響があると思います。事故や危険の察知、不良品の予兆は、機械から異音がした、これはおかしいといち早く気づくことから、重大な損害を回避できます。どうやったらその意識レベルにいくのかを考える時に、手始めはやはり社外清掃だと、僕は確信しています。これは時間をかけてやらないと、気づきレベルは上がっていかないものです。

◇社員との飲み会が思いの共有の場になる「8コン」

最近の職場は、若い社員が終業後、飲み会に付き合うことを敬遠する風潮があると言います。西精工はそういう社員は採用していません。もちろん、家庭の事情もありますから、忘年会は小さなお子さん連れでもいいとか、年に1度のサマーパーティーは家族ぐるみにするとか、慰安旅行は日帰りにするなどの配慮を行っています。

僕自身、社員さんと飲むのは、ものすごく楽しい時間です。僕が出る飲み会は、95％が社員さんと、残り5％が業界や異業種の集まりです。友達と飲むのは年1回あるかないか。新入社員の歓迎会は、入社直後の歓迎会のほかに、研修後の配属先の歓迎会、両方に出ることもあります。土・日曜日は休みですが、ときには社内にあるいろんなサークルから誘いがかかって、そこでも一緒に飲みます。1日に社員さんの飲み会のかけもちをすることもあります。

サマーパーティーはいろんな演出がありますが、トリはバンド演奏。そこで僕はギターを弾くので、社員さんと一緒に練習します。そんな時もワイワイガヤガヤ楽しんでいます。

何がいいかというと、飲み会や業務外の交流の時に、ぼそっと社員さんが相談をしてくれることです。直接仕事のことでなくても「社長、娘が突然部活を辞めたんです。僕にまったく相談してくれなくて、ほんとショックでしたよ……」という悩みの打ち明け話もあれば、もちろん仕事の課題、職場の人間関係の相談もあります。

新入社員の歓迎会は、社員さんが考えて、オリジナルの企画を練ります。手厚い歓迎を受けて、新入社員はどれだけ自分が大切にされているのか、自分に興味を持ってくれているのかがわかり、自分の居場所がある安心感と感激を味わいます。

特別な行事だけでなく、日常的に、僕が一緒に飲んだり食べたりしながら、社員さんの話を聴く機会を設けています。部や課のメンバー全員20人や30人で飲んだら、話題はあちこちのテーブルに分散し、まともに仕事の話はできないでしょう。ひとつのグループで話題を共有しながら飲むなら、8人くらいが限界です。そこで「8人でコンパをしよう」という意味で、「8（ハチ）コン」という飲み会をしょっちゅう開いています。
どうしてかと言うと、飲みながら仕事の話がしたいから。なにより、仕事が好きだからです。だから、17時を過ぎても仕事の話をします。休みの日も仕事の話をしながら飲むのが楽しいのです。仕事が好きで、仲間が好きなら、仕事を肴にして一緒に飲むのは楽しいに決まっています。

これが命令されて嫌々飲み会に参加しているのなら、お互いにとって不幸ですし、会社人間という非難も受けなくてはならないでしょう。でも、8コンの場で僕は社員さんの話を熱心に聴きます。ほとんどは聴いているばかりです。内容が悪い時は、たまに〝机ドン〟して「もう帰るぞ！」という時もありますが、それは年間120回のうち1回。あまりに議論が的外れな時、人に無関心な内容の時くらいです。

会社をどうしたいのか、みんなとこれからどうありたいのかと、ときに僕からも思いを熱く語ります。熱意の渦に、ぐちゃぐちゃにかき混ぜて巻き込むような感じでしょうか。それにうちの社内は「上司・部下」という言い方は極力使わないようにしています。上とか下とか上下関係を決めつけて呼ぶのはおかしいから、リーダーとチームメイトという言い方をしています。

東京の異業種の会社から里帰りした社長ということで、最初はどんなものか、僕の様子をうかがっていた社員さんが多かったと思います。しかし、8コンを重ねるうちに、だんだんわかってくれるようになってくれました。

「最初はやっぱり、社長はうちの仕事を理解してないのではないかなと思っていましたけど、8コンで話をする機会があって、以前の会長や相談役と違うやり方を感じました。これから会社を変えていかないといけないという思いや方向性が伝わって来ました」と率直に言ってくれる社員さんもいて、本当にうれしく感じます。

転職してきた社員さんからは「社長とか役員の距離感が全然違いますよね」と驚かれました。確かに、会長や社長が同じフロアで同じ制服を着て職場を歩き回ったり掃除したり、社員としゃべったりしている会社は、大企業にはなかなかない光景でしょう。その社員さんは、前にいた会社は役員が東京にいて、年に何回か見かける程度の存在だったと言っていました。僕の場合は、同行営業もしますし、お客様とどういう風に話を持っていくか、社員さんと一緒に考えることもあります。「この会社では毎日のように社長に会えますし、社外の人は誰が社長なのかはわからないくらいですよ」と言われました。

とはいえ、社長と社員の間には大きな川が流れていると思っています。それでも時間をかけて関わり、関係づくりをすることで、大きな川が、溝くらいの存在にすることができると思っています。

◇気づきを促す作文「私の1週間」

西精工では、社員さんが主役になる機会がたくさんあります。前章で紹介した朝礼もそのひとつですが、フィロソフィーを基軸にした朝礼を実践していくうちに、社員さんの中で日頃どんなことが起きているのか、それぞれがもっと深掘りしてもらいたい気持ちになりました。そこで次は、社員さんに作文を書いてもらうことにしました。2007年から、「私の1週間」というレポートを出してもらっています。ベタなタイトルですが、これが自己成長にものすごく効果があります。

最初は僕からは何も教えませんし、会社から「こういうことを考えて文章を書いてください」とは決めていません。仕事でも会社のことでも、プライベートでもいいから、「この1週間なにが起こりましたか」と聞き、それについて書くだけです。

最初は、社員さんもリーダーもかなり戸惑って「社長、いったいなにを書けばいいんですか？」とよく聞かれました。

西精工フィロソフィーの創造委員会のメンバーとは、パソコン上で僕とよくやり取りをしていたので、抵抗感はなかったようですが、他のメンバーはかなり面食らったことだと思います。

書いた内容は、各課のリーダーが見てコメントを入れて返します。

最初は、だいたいとりあえず身の回りにあったことを書きます。あるいは、新聞の記事から感じたこととか、「コンビニの店員さんとのやり取りでこんなことがあった」など、普段の出来事で印象に残ったことをつづります。コメントをリーダーからもらっているうちに、係のことや仕事の内容が多くなってきます。だんだん、社員さんからは次のような言葉が出てきました。

「書いているうちに1週間のことを思い出すので、仲間とのつながりを感じられ、振り返れるようになりました」

「正直、最初の頃は面倒くさいなと思っていて、1週間にあったことを箇条書きにしていました。だんだんそれが、自分の出来事を書くようになって、最近はこんな問題があります、こういう風に思っています。人とこんな関わりがありますとか、まとまった意見を書けるようになりました」

社員さんにとっては、書いたことに対してリーダーから返事がもらえるということがうれしいようです。書くうちにだんだんと、何を書けば自分にとっての学びが深まるかが自覚できるようになります。「よく書けるようになるまで、5年くらいかかりましたよ……」と苦労をもらす社員さんもいました。

「私の1週間」の中で、ある社員さんが、「チームで一緒に仕事をして、今週すごくいい仕事ができました。きついことも先輩に言われたけど、そのレベルにようやくなってきました。すごくうれしい」と作文に書いた時、リーダーも同じ内容を「私の1週間」に書いていたことがありました。啐啄同時《そったくどうじ》という言葉がありますが、わかりあえた、いいものができたということを、チームのリーダーとメンバーが同じ週に書いて、成長の喜びを分かち合っていたら、めちゃくちゃうれしいものでしょう。活動を進めていくうちに、このチームだけではなく、社内の多くのチームが同様の体験をしています。

僕は、1週間真剣に仕事をしていれば、どこかで「経営理念が実現した瞬間」が絶対あると信じています。それも週にひとつではなく、1日にひとつふたつはあると思います。うちの会社では、実現したことを〝プチレジェンド〟と言っています。これも造語です。

ある社員さんから「社長、レジェンドは英語ですよね。プチはフランス語じゃないんですか」と聞かれましたが、「バカだな、プチトマトっていうだろう」と僕は言い返しました。社内には品質、安全に向き合う厳しさがある一方で、こういうゆるい会話も飛び交いますが、お互いが気を許し合ってコミュニケーションができている証拠です。とにかく、普段の仕事でレジェンドまではいかなくても、昨日より今日、今日より明日と、少しでも成長し、経営理念の実現を実感することで、プチレジェンドは生まれます。そのレジェンドは誰が作るかというと、先輩や社長ではなく、社員さん一人ひとりが自分の思いを込めて作るのです。

「私の1週間」は、社員さんが自ら考えるようになるきっかけになります。それに、社長の話を毎日朝礼で聞くだけでは、社員はうんざりします。自分が考えて皆の前でしゃべったり書いたりするから、楽しくなる。楽しいと、主体的になり、もっとよくするために何をすればいいか考えるようになり、自己研鑽のサイクルが回っていきます。

このような取り組みは、すぐに結果が出るわけではありません。「5年かかった」という社員さんがいるように、長いスパンがかかりますから、じっと待っておかないと成長になりません。僕ももともと体育会系ですが、「やれ!」というのはたやすくても、それでやったことは、結局〝やらされ〟になります。

朝礼ではときどき、僕やほかの社員さんから「なんでそう思ったの?」と問いかけると、これから何を言うかと全員がじっと相手の言葉を待っています。そうするとときどき、的外れな答えが出てくることもあります。「なんでこれを言わないんや!」「違う違う、あれなんだよ」と。

しかしそこは僕も口出ししたくてもグッと我慢します。本人が腹の底から考え、言葉が生まれるようにならないと意味がない。狙いどおりの答えが出てきた時は「それや！」と、こちらもうれしくなります。

指示と命令は解答をこちらが出し続けていることにしかなりません。相手に考えさせない、上からの押しつけは、社員の成長という成果を生み出していません。相手から答えが出るまで耐えることが、人を育てていることになります。

◇係別面接は各チームメンバーと2週間〝ガチの対話〟

西精工では、稲盛和夫さんの管理経営手法であるアメーバ経営を取り入れています。アメーバ経営は組織を小集団に分け、リーダーが中心となって自らのチームの計画を立て、メンバー全員が総力を結集し、部門別採算のもと、目標を達成していきます。そうすることで、現場の社員一人ひとりが主役となり、自主的に経営に参加する「全員参加経営」の風土ができていきます。これは京セラさんをはじめ、約700社に導入されている手法です。

その以前からも、西精工ではQC活動、5S活動、ISO9000という製造現場には欠かせない、経営管理の活動を行ってきました。品質や生産性の向上には大変効果のある仕組みです。しかし、活動を形骸化させないためにも、メンバー一人ひとりの意識を醸成し、目標を明確にしていくこと、そして、経営理念と、導入しているマネジメント手法がきちんとかみ合っているということが不可欠です。

そこで西精工では、「係別面接」という仕組みを取り入れました。西精工には、3つの部門と、20のチームがあります。半年に1回、20人のチームリーダーとそのメンバーが、社長である僕とガチの面接をします。

面接シートは7枚あって、1枚目は創業の精神、経営理念について書きます。「この半年間で創業の精神が実現できた瞬間を記述しなさい」などの文言がならび、「どのようなプロセスをチームとして大切にしたらできましたか」と問います。仕事をする中で、どんな関わり合いと気づきがあったか、日々どんなことを一所懸命やってきたらどうなったかということを1枚目に書きます。

2枚目から6枚目は、「あなたたちのチームのビジョンはなんですか。ビジョンを達成できるための技術はなんですか。3つ箇条書きで記述してください」、「具体的な数値目標とその結果を記述してください」、「目標を達成するために他のチームとどのような連携を図りましたか」、「部課長はチームの目標に対してどのようなかかわりを持って貢献してくれましたか」。このようなチームの経営にかかわる項目が並びます。さらに、5S活動、QC活動、アメーバ経営などそれぞれの仕組み、プロセスが続いて、人間関係構築力などの評価項目があります。それらをどれくらい実現したか、またどのようなリーダーシップを発揮しましたか、などの質問をします。

7枚目は「半年間でどのくらい本を読みましたか。具体的な書名と感想を書いてください」。

さらに、会社のスローガンに対してどのような行動をして、結果を出し、見直し、振り返りできたかを最後に問います。また、2014年2月には、日本経営品質賞を受賞しているので、スローガンの実現には経営品質の9つの重要キーワードに基づいて評価しています。1．コンセプト、2．変革、3．価値前提、4．プロセス、5．創発、6．対話、7．戦略思考、8．ブランド、9．イノベーション、の9項目です。

日本経営品質賞を取るのは、非常に難しいことです。西精工の場合は、7枚のシートの中に日本経営品質賞の基本理念が入っているので、このシートにきちんと表せるように、活動と行動を実現できていれば、経営品質向上活動はできているという仕組みとなります。実際、経営品質をいかに教えるか、社員さんにどうやって浸透させてPDCAを回そうかと思った時に、経営品質のアセスメント基準書の要素を係別面接に全部入れれば浸透が進むと考え、シートを整備しています。

経営改革の種々の活動が進み、産業界に注目されるようになってから、僕は出張も講演も多くなっているのですが、係別面接は20のチームと2週間かけてやります。その時だけは夜の8コンも行けません。ものすごく体力と気力を使うからです。換算すると、1年間のうち1か月はこの面接に時間を使っていることになります。8コンだけではなくて、社員さんと向かい合う場にそれだけ時間を取っています。

西精工では、最近、障碍者雇用に力を入れていて、係別面接の評価シートにも障碍者雇用にかかわる項目を設けています。製造一課にはいま、西雄君という障碍者がいます。彼がラインに入ったきっかけは、係別面接です。係別面接の評価項目に、「社内の障碍者とどのような関わり方をしていますか。障碍者雇用に於いてこれからどのような貢献が出来ますか」という項目があります。障碍者雇用は、現場リーダーが、多様性を理解する姿勢、メンバーが障碍者を受け入れる環境づくりが問われます。評価の中で「何もしていません」、「特にありません」、という書き込みが2年続くとアウトです。

製造一課のチームリーダーの小椋さんは、係別面接が始まって2年間は、障碍者雇用について何もやっていませんでした。何もやっていないのに点を取るために懸命に記述していることに違和感を覚えてしまったそうです。何か行動を起こしたいと小椋さんは思うようになってきました。

ついに決断し、総務と相談して、「西雄君をラインに入れてください」と僕に相談してきました。これは大変な挑戦です。

ふつうのオペレーターだって、油断するとけがや事故を起こしかねないラインの作業です。実際に、僕が西精工に来た年に、死亡事故は起きました。「でも知的障碍者が僕たちのラインに入ることができたならば、すごいことがきっと起こる」と小椋さんは思い立ちました。そこで小椋さんは、総務と一緒に工夫をしながら、知的障碍者の受け入れを始めることにしました。

西雄君は障碍者の支援学校に高校1年から3年までいて、2年の時からラインに入りました。1年生の時はインターンシップとして、きれいな部屋で検査の仕事をしていました。僕が彼に「仕事は面白いですか」と聞いたら「はい、面白いです」とうれしそうに答えます。知的障碍者だから、ここまでしかできない、ということを僕たちが勝手に決めつけるのはよくありません。彼らが一所懸命、仕事をやっていることに対して、簡単な仕事しか与えないような会社なら、僕は「障碍者雇用は単なるお付き合いですか？」と異を唱えたい。僕は飲むにしても何にしても、〝お付き合い〟という姿勢が一番嫌いです。お付き合いレベルの浅い関係は、時間の無駄です。本当に好きな仲間、好きな友達、好きな経営者としか飲まないことにしています。それと同じことで、仕事でも、支援学校の要請に対して、上辺だけの受け入れでなく、〝ここまでできるかもしれない〟と思って彼らの成長を考え、障碍者とも面と向かうことによって、僕たちも成長できます。

知的障碍者でも安全に作業ができるように、通路を広げるなど、チームは創意工夫を重ねました。本来普通の工場内は安全のため走ってはいけないのですが、通路にゆとりを持たせたおかげで、ラジオ体操のあと走ってラインに戻れるほどになりました。

しかし、ラインを変更することには、ものすごく手間がかかります。西雄君が絶対安全に仕事ができなければならない。この時のQC活動には、涙が出ます。メンバーたちは、彼が正しく理解して作業できるように、わかりやすい表記の書類をたくさん用意しました。ついに安全対策が実現できて、QCサークルの発表をしました。ものすごい気づきがありました。西雄君は結局社員になりました。

チームリーダーの小椋さんは言います。「活躍する西雄君を見て、『忙しい』を理由に、今まで障碍者雇用をさぼっていただけではないかと思いました。誰でもわかりやすい作業書や標準類の整備は、僕たちの仕事に絶対必要なものです。彼が来てくれたおかげで『面倒くさい』が言えないようになりました。障碍者の社員さんの存在は、とてもありがたいです。おかげで僕たちの方が成長しています」と。

◇社員の半数以上が「フルマラソン」を走る理由

僕は体を動かすのが趣味です。高校時代はラグビー部で、今でも、たまに野球やサッカーをやっています。本も読みますが、ふだんはとにかく、家でじっとしているのは嫌いなタイプ。フルマラソンもずっとやっていて、徳島で開かれる「とくしまマラソン」は、四国最大の市民マラソン大会ですが、２００８年の第1回から参加しています。これも、僕ひとりではなく、社員さんを巻き込みながら挑戦しています。

走りたいメンバーは、日頃きちんと練習をしなくてはなりません。毎週日曜、夏場は朝６時半から、冬場は7時か7時半から、練習をしているチームもあります。どうしてこんなに熱心にマラソンの練習をしているか。これも、単なるレクリエーション活動ではなく、深い学びがあります。

数年前まであるチームは、品質が悪く、クレームを出してばかりいました。そのチームをどう指導したらいいのか僕も考えました。とはいえ、トップが自ら指揮を執るのは意味がありません。リーダーとチームメイトが、自主的に問題を克服することが、学びの第一歩です。そこで僕は、チームの風土を変えるべく、リーダーを替えました。隣のチームの、品質に厳しい鬼軍曹を、そのチームリーダーにしました。鬼軍曹のいたチームは、次のサブリーダーが育っていたので、異動をしても大丈夫と判断してのことです。

鬼軍曹に「このチームのクレーム問題を解決して、品質を良くしてください」とお願いしました。鬼軍曹が着任してまず何をしたかというと、毎日時間をかけて品質ミーティング、そして日曜の朝、チームメイトを連れてのマラソン練習です。日々の業務のミーティングでは、とにかく品質の話ばかりしています。昨日ラインでどういうことがあったか、それについてどう思ったか、今日はどう変えていくかを話し合う。これをえんえん繰り返しますから、かなり厳しいです。しかし、これによって、チームワークが磨かれます。仕事に根気強く取り組み、問題に気づき、品質を向上させる力が、着実に身についてきます。

このチームは、3年間かけてようやく品質レベルが上がってきました。品質を上げるために、長時間のミーティングと毎週日曜日のマラソンの練習をするのは、ものすごく回りくどいことです。でも僕は、体質と風土をつくるポイントはここにあると思います。それと同時に、チームメイトの中から次のリーダーになる人材も現れてきました。

社内でマラソンをやろうと言ってメンバーはすぐ付いてきたわけではなく、だんだんと〝やってみたい〟という輪が広がっていきました。これも最初は、強制力を多少発動した取り組みですが、今では僕がいなくても自主的にチームでマラソン練習をしています。このプロセスにも、ストーリーがあります。

とくしまマラソンは毎年3月に行われます。うちの社員さんは約250人いますが、2017年には92人、2018年は135人が参加しました。じつに、過半数が挑戦します。最近は採用の時から「フルマラソン走れますか？」と聞こうと思うくらいです。新入社員は今年全員が走りました。大概、面接の時には「走ります」と言います。強制はしていませんが、皆チャレンジしてみたい潜在意識があるようです。

2017年3月、鬼軍曹のチームは12人のうち11人が走りました。走らなかったひとりは「チームワークはどうでもいい」と思っているわけではなく、心臓の病気を抱えているという事情がありました。

その年の4月、マラソンが終わってこのチームと僕が飲んでいた時のことです。その社員さんが、「チームが12分の11になっているのは嫌だから走ります！ 完走はできないかもしれないけど、一緒にスタートラインに全員が揃うことは可能ですよね。だから僕は出場します」と、宣言しました。すごい勇気です。それから毎週日曜日の練習を続けました。

僕は、1回目から11回目までのとくしまマラソンを走っています。心臓病を抱えている彼は初心者だったにもかかわらず、一緒に練習に参加した3回のうち、僕が3回とも負けてしまいました。最初は「控えめにしよう」と言いながらまずは5㎞走り、仲間が「そろそろ10㎞走ろう」と言った時には15㎞以上走ったそうです。

僕は広告代理店で働いていたので、ストーリーを考えるのが大好きです。僕の想像では、あと15分くらいでゲートがしまるというところで、がんばった彼の姿が遠くから見えて、ゴールのあと「やったー！　よくがんばったね」と僕と抱き合う、感動のシーンをイメージしていました。実際は、練習の時と同じように、彼が僕を途中で抜き、ずいぶん先にゴールしていました。シナリオはもろくも崩れ、全然泣けません。逆に彼より速く走ることが、僕の課題になりました。

ともかく、このマラソン活動で、うちの会社が元気になってきたのは確かです。

とくしまマラソンは参加者がだんだん増えていって、ランナー以外も社員さんは全員参加します。走らなくても、ボランティアや応援など、いろんな形で全員が関わります。これも意味があります。

徳島は、残念なことに、旅行客の延べ宿泊数が全国で一番低い県ということをご存知でしょうか。２０１４年以外、連続で全国最下位を続けています。泊まってくれない県という不名誉に、うちの社員さんも地元も、人が集まったらいいのに、徳島はいい所なのに……と歯がゆく思っています。名物の阿波踊りだけでなく、活気のある土地というイメージをもっと浸透させるためにも、徳島を賑やかにしようよ、だからみんなで関わっていこうと、とくしまマラソンに全員参加することにしました。社員さんみんなが西精工の〝ナットくん〟というキャラクターをプリントした青いＴシャツを着て、走ったり応援したりしています。結構目立つ集団です。

マラソンの前の週にはマラソンコースの清掃活動をするなど、地域活動にも貢献しています。

身体障碍者の社員さんも走っています。その彼は利き手の右手の手首から先がないのですが、マラソン走破に挑むチームの雰囲気が大好きで、「僕も走ろう！」と言って、４年ほど前から一緒に始めました。彼は走ることで、気持ちのステージが変わりました。最初は笑わなくて、硬い面持ちだったのがだんだん場になじんできて、笑顔を見せるようになりました。そこで僕や周りが「笑顔がいいね」、「そういう表情は素敵だよね」と声かけをします。照れずに褒めることで、本人もうれしくなって、また少し笑う。それが続くと、ときどき笑うようになります。そうしていくうちに、職場でも、だんだん笑顔を見せるようになってきました。今では、いつもにこにこ笑っています。

この社員さんは、2年に1度の全社で行うボウリング大会には、手の障碍のこともあって参加しませんでした。ところが、最近、金型を作るチームとそれを使うチーム、連携した2チームでボウリング大会をしたところ、誘われなくても彼はチームメンバーとして参加しました。左手で投げて、結果は最下位です。でも、「最下位ー!」と言いながら、明るく楽しんでいました。本当は、うまくできないから行きたくないはずです。だけど行きたくなってしまうのは、ふたつのチームのメンバーが、彼のハートを動かしたからでしょう。

◇「彼女の戻る場所をつくってください」仲間が申し出て産休社員をフォロー

西精工では、女性社員が活躍するのは当たり前のことです。出産を理由に辞める女性は15年以上ゼロ。むしろ、誤解を恐れず言いますが、僕は「結婚して子どもを産みましょう」と勧めます。子育ては親にとっても人間としての成長になりますし、子育てをがんばっている女性の気持ちがわかるようになります。それに、子育てと社員育成は一緒。リーダーになってもらう人は、なるべく子どもがいる人がいいというのが、僕の持論です。

西精工は子育て社員に配慮している職場に授与する「くるみん」の認定を厚生労働省から3回もらっていますが、さらにレベルが高い「プラチナくるみん」の認定を、中四国の製造業で初めてもらいました。

プラチナくるみん認定にあたっては、5つの目標を掲げました。

目標1▼計画期間内において、育児休業取得状況を次の水準以上にする。
男性社員…2人以上、女性社員…取得率90％以上

目標2▼計画期間内に、小学校1年生修了までの子を持つ社員が、希望する場合に取得できる育児短時間勤務制度を導入する。

目標3▼配偶者出産休暇制度の周知を行い、対象者の取得率を90％以上とする。

目標4▼リフレッシュ休暇制度について取得率100％を目指し、取得状況を公開する。

目標5▼インターンシップ制度の整備を行い、1年間で5人以上の受け入れを行う。

この5つの目標を、2014年8月から2017年7月の3か年の計画期間内に達成しまし

た。啓発資料を使ったり、全体に周知を図ったことで、違和感なくみんな取り組み、目標1は女性社員の取得率100%、目標3の取得率も100%です。

女性社員が結婚・出産・子育てをしながら働き続けることは、西精工ではふつうのことで、そんなに苦労はしていません。認定のために何かを変えたり、表彰を無理やり取りにいったりしたわけでもありません。中四国の製造業で初めて認定を取ることができましたが、男女ともに働きやすい環境づくりへの取り組みがもっと広がるといいなと思います。

出産後も働き続ける、ある女性の社員さんがいます。彼女は中途採用で西精工に入って総務部に勤務し、初めての子どもを妊娠しました。子どもができたことを会社には報告していましたが、臨月まで間があることから、本格的な引き継ぎも終えていない、制服からマタニティウェアにも変えていない時期に、子宮内胎児発育不全になって病院に担ぎ込まれました。

母子ともに危険なので、医師の判断により「今から子どもを出します」という連絡が入り、産まれた子は670グラム。ちゃんと育つかどうかわからない、という深刻な状態でした。

そんな折、同じ総務の女性メンバーが僕のところに、「話がしたい」とやってきました。

「社長、このままだと彼女から辞表が出てしまいます」と、心配顔です。

確かに、ちゃんと引き継ぎもできずに、早産になって急に産休になってしまい、しかも子どもが670グラムという緊急事態です。次はいつ会社に復帰できるかわかりません。このような状況になってしまい、責任感の強い彼女の性格だと、辞表を出すだろうと、総務のチームメイトは心配していました。

「でも私たち、彼女に辞めてもらいたくないんです。彼女は今子育てで必死になっています。だからよけいな仕事の心配はさせずに、ここに戻ってきてほしい。負荷をかけずに、できるだけ同じ仕事をしてもらいたいんです。だから彼女が帰る場所を作っておいていただけますか？その代わり、誰も新しく採用しないでください。誰も異動させないでください。私たちが彼女の仕事をしますから。でも彼女が元気になったら、社長、同じ部署に返してください」

ここまで言われると断る理由はありません。総務部のチームメイトの必死の訴えに、僕は胸を打たれました。

幸いに、赤ちゃんは無事に育ちました。さらにふたり目も生まれました。会社に復帰して引き続き仕事をしてもらっています。彼女は、自身の未来の姿、目標を記した「ミッションステートメント」に「死ぬまでにやりたいこと」のひとつとして、「小さく生まれた子どもたちを応援する活動をする」と書きました。早産児・低体重出生児を支援するイベント開催、洋服づくりを40歳からすることが、今彼女の夢になっています。

ある年は、子どもが2人いる女性が中途採用の面接に来ました。採用担当が「3人目のお子さん、お考えですか？」と聞きましたら「それはないです」ときっぱり。採用が決まり、入社後しばらくしてから「すいません、社長。子どもができちゃいました……」と報告してきたのです。それでも僕は「わかった！」と祝福しました。話が違うから辞めろとは言えません。「ふたりいるので子どもは十分です」という人こそまたできるから、面白いものです。それでも働き続けられる制度や風土をつくり上げたから、安心して子どもを産み、育てることができる。

それが、社員さんの会社への安心感と信頼を積み上げていくのだと思います。

赤ちゃんが産まれると、会社で皆が歓迎するのは昔からです。うちの会社は、子どもが産まれた社員さんがよく赤ちゃんを連れてきます。そうするとみんな仕事をやめて、赤ちゃんのもとに「わー!」と喜んで駆け寄ります。うちの相談役や会長も子ども好きなのでみんなと一緒にあやしています。「お前何しているんだ、仕事しろ!」なんて言いません。こういう時にも、大家族主義の雰囲気がよく現れています。

◇イベントは社員の家族も集まり、楽しみながら絆を深める

坂本光司・元法政大学大学院教授が推進する「日本でいちばん大切にしたい会社大賞」で、西精工は第3回中小企業庁長官賞を受賞できました。この賞では、企業が最も大切にしなくてはならないのは「人を幸せにする」ことと定義していますが、そこで言う〝人〟には5つあり、1番目が社員とその家族、2番目がビジネスパートナーとその家族、3番目が顧客、4番目が地域社会、5番目が株主と、しかもその順番がぶれないことを求めています。つまり、最も大切なのは、社員とその家族。社員さんにとっての順番というより、経営者や経営幹部が大切にすべき人の順番を指しています。

社員とその家族を大切にしている行事の代表に、先ほど紹介した「サマーパーティー」があります。毎年三百数十人が集まります。これは8年前に、1回きりで終わるはずの大イベント

でした。その年は株式会社にしてちょうど50年たったので、記念に何をしようかと社内で検討しました。対外的な行事はやめて、社員さんだけで何かしましょうか？　と話し合い、会社のイベントで家族を連れてくる機会がときどきはあっても、全社家族ぐるみの行事がないので、社員さんとその家族を呼んで50周年記念パーティーを盛大にやることにしました。

それは豪華なものでした。徳島で一番高級な結婚式場を、1階から3階まで全部貸し切りにして開きました。みんなに100グラム3700円もする最上級のステーキをふるまいました。食べ放題ではありませんが、目の前で焼き立てを出してくれます。50周年記念パーティーは大好評でした。

パーティーが終わってから、いろんな社員さんが僕のところに来て、「楽しかった」「美味しかった」「あんなお肉食べたことない」と、感激した面持ちで話しかけていきました。とどめがこうです。

「社長、困りました。うちの息子が僕のところに来て、『パパ、次はいつ？』って言うんです」

これには参りました。よしわかった、またすればいいじゃないか！　と僕も決心しました。

翌年には、50周年記念パーティー2回目を開催。その翌年も50周年記念パーティー3回目を開きます。毎年好評で、やめられません。もう50なんていらんわ、サマーパーティーにしよう。そんなことで、ずっとやっています。

社員さんには着飾っておいでよと言っているので、浴衣姿の社員さんが大勢います。阿波踊りをやっていれば別ですけれども、ふだん浴衣を着る機会は、なかなかありません。会場の結婚式場の運営会社が、本業は貸衣装会社ですので、半額ぐらいで浴衣をレンタルできますから、ここぞとばかりに、みんな思い思いに着飾ります。最近は同じ会社が運営する、庭園がある結婚式場を会場にして開催しています。翌年入社の内定を出している大学生もゲストで呼びます。

イベントも盛りだくさん、社員さんがいろんな企画をしています。結婚式場内の教会を写真館に見立てて、「仲良し同士、家族同士で写真を撮りませんか?」と、社員さんがカメラマンになり、きれいにプリントしてプレゼントします。

庭ではスイカ割りをして、子どもたちは大はしゃぎです。子どもが大きくなってすでに社会人になっているのに一緒に来る家族もいます。その社員さん、じつは父子家庭なのですが、息子さんととても仲がいい。男3人兄弟を男手ひとつで育てている、すごい家族なのですが、「私の夢は、子どもを3人とも西精工に入れることです」と言っています。

「ちょっと待ってよ、長男は大手の製紙会社に入ったでしょう?」

「はい。そこで修業して、西精工に入りますから」

どこまで本気かわかりませんけど、とにかく会社が好きでたまらないんだなあと、うれしくなります。

ふだんは寡黙で暗い社員さんがいるのですが、彼はこの日はバルーンアートを作って子どもたちに配ります。ふだんは大人しくても、社員さんはみんなに貢献したい気持ちがある。だからイベントがあるたびにこうして一所懸命バルーンアートを作って、みんなにプレゼントしています。でもそういう寡黙な人に「お前暗いよね」と、明るく言えてしまうのが、西精工です。

いろんな人がいていいんです。

クイズ大会もやります。「ピンポーン」と鳴る早押しボタンの機械は自分たちで作っています。さすがにものづくりの会社、しかもそれを作ったチームが優勝して「やったー！」と言っていますから、自分たちが一番楽しんでいる。イベントでも会社の強みを生かしています。

さらにはイベント会場のスタッフも私たちにサプライズを仕掛けます。ある年は急に音楽が鳴り出して、会場スタッフがいきなりダンスを始めました。「一緒に踊りましょう！」と、社員たちを誘って輪になりました。そうしてみなが混じって踊り始め、大盛り上がりです。僕はそこの会社の社長と友人なのですが、「西精工さんのイベントをやっている時が、うちのスタッフも一番成長させてもらっている。西精工さんはものづくりで、うちはサービス業なのだけど、西精工さんのサービス精神には驚かされて、こっちがサービス業と言うのが恥ずかしくなりますよ」と、言ってくれたりもします。僕は何もしていません。やらされ感でやっても楽しくありません。社員さんが考えて、あくまで主体的に楽しく盛り上げていくのが西精工流です。

最後に日が落ちてきたら、パーティーもいい雰囲気になってきます。最後は僕も加わるバンドでわーっと盛り上がり、花火を打ち上げてフィナーレです。

最初このパーティーを企画した時、うちの親父は「ビュッフェでパーティーをやっても、2時間ももつわけがないじゃないか」と疑問だったようですが、実際は、いろんな企画が目白押しで楽しく、結局3時間以上飽きずにみんなが楽しめる、名物イベントになりました。会社のフェイスブックには他社の人から「僕も参加したい！」というコメントが書き込まれますが、これはかりは社員さんかその家族になってもらわないと出られません。

サマーパーティーのほかにも、週末になると社内バザー、バーベキュー、徳島の農村部で農業活動を支援する「農山村（ふるさと）応援し隊」、とにかく餃子が大好きな社員さんがひたすら食べる「餃子クラブ」など、仕事以外に社員さん同士が交流する場が何かしらあります。スポーツのクラブもさかんで、マラソンのほかにも、野球、自転車ロードサイクリング、サッカーなど、活発にやっています。みんな、会社の外でも会社の人と会って一緒になにかに取り組み、絆を深めているのです。やらされではなく、一緒に時間を共有したいという気持ちが自然に起きて、活動が繰り広げられています。

◇協力会社の人も「大家族」の一員　表彰とプレゼントで貢献を称える

西精工は年に1回、9月に社員表彰の行事があります。最初は、10年、次に15年、20年、25年と続く勤続表彰です。先日面白かったのは「きょうは○○君、勤続10年おめでとう！」とお祝いを言ったら、「え！　俺10年もたっていましたか？」とびっくりしていた中途社員がいました。勤続はサプライズじゃないはずなのに驚いていますが、それだけ会社になじんであっという間で、意識していなかったのかもしれません。

その他に、フレッシュマン賞があります。新入社員でも中途入社でも入って3年未満はフレッシュマンだから、中年でも賞を取れます。これは本人の努力はもちろんですが、新人を成長させる、チームの力を評価するのが主眼です。発表の前はチーム全体がそわそわして、受賞発表の時は「よっしゃー！」と喜びます。まるで日本レコード大賞みたいです。その時の雰囲気は一体感があってなんともいい光景です。フレッシュマン賞は係長以上の推薦で、課長、部長の審査があり、それを通って役員会で審査されます。役員会ではねられることはまずありません。

僕が徳島に帰ったばかりの頃、社内には優秀社員や最優秀社員の表彰もありましたが、特定の人が一定期間たつとまた取ってしまうことがありました。僕が社長室長だった時に「これはおかしいでしょう。職場で本気で社員さんを育てているんですか？」と異議を唱えました。社員表彰には、いろんな物差しを作ること、そして社員さんを本気で育てていくというふたつのきちんとした考え方がないと、効果を発揮しません。社員さんの能力を引き出せていないのは管理職が管理しないでほったらかしにしている証拠です。社員さん一人ひとりの成長を見ながら表彰してこそ、意味があります。

なので、表彰の方針を変えてからは、リーダーがチームメイトに賞を取らせたいと躍起になっています。フレッシュマン賞や、この業務を特別がんばったから「○○特別賞」というネーミングの賞もあります。

表彰するのは、社員さんだけではありません。協力会社の方も表彰しています。「ベストビジネスパートナー賞」として、うちの会社と関わりが深く良い関係を築き、協力してくれる方を個人表彰しています。会社や社長を表彰しても仕方ありませんから、あくまで関係の深い現場の個人を称えます。

第1回受賞者はトラックの運転手さんです。日報週報は書いていても、会社にはトラックを取りに行っているだけで、自分の会社よりうちの会社にいる時間の方が長いというほど、うちの社員さんと一心同体です。東京や大阪・名古屋に行き、製品を届け、パレットを回収しましたうちの会社に戻していきます。

メッキ屋の社長さんも受賞しました。小さな会社の女性社長ですが、彼女の的確な指示でうちも助けられていて表彰しました。受賞した方には、会社からは楯とプレゼントをお渡ししますが、プラス、社員さんが自腹でプレゼントを買って渡しています。授与する日の約10日前に「今回のベスト・ビジネスパートナー賞は□□社の○○さんです」と発表します。するとみんながお金を出し合って、プレゼントを5つくらい用意しています。女性だとそれに花束も渡します。

それに、驚くのは、うちの社員さんは、表彰される人たちがプレゼントされて喜ぶものをちゃんと知っていること。「○○さんは、徳島に来たらすだちを買って帰っているよ」という細かい情報をうちの社員さんが知っているのには、ちょっと驚きます。それだけお互いを知り、信頼しあうことができている証拠でしょう。他にもこれまで鳴門金時、ビール、牛肉、栄養ドリンクなどをプレゼントしました。

交流を深め、お互いを知り、認め合うのは、社員さんだけではなく、社外の協力関係者も一緒なのです。

9章

月曜でも、病気でも、早く会社に戻りたい！

◇がんになっても「職場に戻りたい」

東京から徳島に帰ってくる1週間前に新入社員が亡くなり、その3年前に、従兄がすい臓がんで早世したことのほかに、もともと心臓が悪かった製造部長が会社で倒れて亡くなっていました。従兄が亡くなる5年前には、1年間の闘病生活を送っていました。僕も帰って1か月で腎臓の病気を患い、1年間の闘病生活を送っていました。それから僕がやってきたことは、神さまに、こう言われたからだと考えています。

「なぜお前はここに戻ったか？　お前はわかっているだろうな。安全でいい会社をつくるためだぞ」と。

じゃあ、どこから会社の建て直しを始めたか。それが〝雰囲気〟です。

会社は創業以来赤字にはなっていません。だから、当時も、会社に何か問題があるとは、社内で思っている人はほとんどいませんでした。

しかし、僕は会社の中に流れるストーリーを、こう捉えました。西精工に不幸を連続して引き起こしたのは〝空気感〟だ。人を病気にしたり、事故を起こしたりする空気を本気で変えたら、いい会社をつくれるはずだと。気の流れを変えるための改革と言えます。

僕が経営改革に取り組んで以来ずっと、大きな事故はありません。死亡事故は皆無です。安全に対する意識はものすごく高いのですが、昨年は、一歩間違ったら手が飛ぶような事故が1

つだけ出ました。その社員さんは、爪と指を一部けがしました。一所懸命安全教育をやっても事故が起きてしまう。でも、チームも本人も「本当に悪かった、確認を怠った」という表情をして、深く反省していました。それが一所懸命やってきた財産だと思います。

「そんなことを言ったって忙しいし、時間ないし無理ですわ」と、横着をしているかどうかは、現場のリーダーや社員さんの表情を見たらわかります。本当にがんばった人のことを責めることはできません。こうなると精神論ではなく、事故を未然に防ぐことのできる機械的なシステムの対策をしなければいけない。危険な箇所に手が近付いたら止まるなど、物理的な工夫が必要です。

大事故が起きずに済んできたのは、たまたまかもしれませんが、会社の雰囲気づくり、風土づくりが功を奏したと感じます。しかし、病気という運命には、時に逆らえないことがあります。実際、社内には亡くなった社員さんもいます。

3年前の3月に亡くなった樫元さんの死因はがんでした。7年以上前に前立腺がんになり、膀胱に転移して、人工膀胱を付け、障碍者認定を受けても、会社に復帰したタフな方でした。

僕の親友の医者に、前立腺がんから膀胱がんへの転移はどんなものか、意見を聞くと、「かなり厳しいよ」という返事でした。

4年前、彼の所属部署である技術部の飲み会をしていた時のことです。最後のほうになって、「社長！　今日は僕のお祝いです」と急に樫元さんが切り出しました。

「どうしたんですか？」

「がんが3年間出ませんでした。寛解しました！」

寛解は、がんなどの病気の症状が一定期間出ず、軽減またはほぼ消失し、コントロールできている状態になると、医師から告げられる言葉です。僕の腎臓病が治った時もそう言われました。

「そうか、よかったですね、樫元さん。やったやった、乾杯しましょう！」

嬉しくてその日の僕のフェイスブックにアップしました。しかし、その直後、再発しました。樫元さんは入院と自宅療養を重ね、今度は会社に帰って来られませんでした。

でも樫元さんは、入院中も、自宅療養中も、毎日パソコンでうちの会社に出てきます。社内システムに入って営業の出張報告書にコメントを書き、クレームを心配し、新製品を喜んでくれていました。亡くなる直前まで、毎日コメントしてくれる。オフィスや工場に樫元さんがいなくても、その存在を、僕たちはありありと感じることができていました。

「今日は樫元さんの誕生日だ」という時は、社員全員でメッセージつきの折り鶴を折って、入院先の病院まで持っていきました。僕は手書きのバースデーカードを書いて渡しました。

「絶対に治るからね」

……そう励ましましたが、僕も状況はわかっています。最後は覚悟しました。樫元さんも「肺に転移しました。7センチです」とすべて僕に報告していました。（7センチ。きついな……）心の中でつぶやきましたが、樫元さんの前で悲観的になってはいけません。やがてさらに、肺にふたつ目の転移が見つかりました。

最後に入った病院は、緩和ケアのための病院で、痛みを取るだけで、もう治療はしません。ああ、もう終わるかもしれないなと僕も感じ、お見舞いの頻度を増やしました。最後のお見舞いの時、彼が急に言いました。

「社長、僕は今から奇跡を起こします」

僕も彼が治るように、肺や腎臓の上に、手をかざし、気を送っていきました。

しかし、その5日後に亡くなったのです。

これまで、会社にいい空気を作って、社員さんが病気にならないような会社にしたいと必死になってやってきました。だけど、樫元さんが亡くなった時、悲しい気持ちでいっぱいでしたが、不幸だとは思いませんでした。なぜなら、彼が最後の最後まで、大好きでずっと関わっていたい会社を作れたという実感があり、むしろ幸せを感じました。それに、お葬式の日、忘れられない出来事があったのです。

お葬式は日曜日でした。休日だから、社員さんもたくさん参列してくれるだろうとは思っていました。ご家族に、「社長ありがとうございます。一番前に座ってくれますか？　代表のお焼香をお願いしますね」と頼まれ、一番前に座っていました。だんだん式場がざわざわし始め、ああ、弔問にたくさん来てくれているな……と気配で感じました。

とくしまマラソンの時、樫元さんはずっとカメラマンをやっていました。沿道で社員の奮闘する姿をカシャカシャ撮ることに、彼もやりがいを感じていました。その時に着る青いTシャツと普段着ていた作業着を棺桶のなかに入れてあげて、最後にお別れしました。これで本当のお見送りだと、出棺の時に式場の2階から1階を見降ろしました。

「なんだこれ！」

1階の車寄せのスペースが、西精工の社員で埋め尽くされています。ほぼ全社員が、参列していました。それを見て僕は「なんか幸せだな……」と感じました。彼が亡くなったことはもちろん、ものすごく悲しいことです。ご家族もそう思うでしょうし、また西精工の大家族の一員としても、不幸せなことです。でも、この瞬間はなんだろう。みんなに慕われて、惜しまれて、めちゃくちゃ幸せじゃないか。樫元さんがこの光景を見ても、そう思うでしょう。それまでは、幸せと不幸せとは、対極にあるものかと思っていましたが、幸せの中に不幸せがあり、不幸せの中に幸せがある。

樫元さんは天国に行ってしまった。でも、彼の起こしてくれた奇跡は、この光景だったのかもしれません。

彼のお墓は、僕のマラソンの練習コースに建ちました。だからさぼれません。ちょっと練習がしんどいなと思っても、「ああ、彼の墓の前を通らなあかん。さあ、今日も練習しよう」と気を奮い立たせます。

◇一番の抵抗勢力だった社員　人生最後の願いは「会社に帰りたい」

幸せなことや不幸せなことは、時に連続することがあります。樫元さんが亡くなった10日後に、もうひとり亡くなってしまいました。桑田さんという、僕とほぼ同い年の社員さんです。彼もがんでした。大腸がんで病院に通っていて、彼が亡くなる時は覚悟していませんでした。

じつは桑田さんは、僕が着任して西精工がだんだん変わっていく時に、抵抗していた人です。「なんであいさつとか掃除せないかんの？」、「経営理念って、意味がわからん！」と、反発していました。独り身で、家は会社の近くです。仕事の後は自転車で飲み屋街に行って、毎日飲んでいるような人でした。行きつけのおでん屋さんで会社の悪口を言いまくっていたようです。「もうあいさつとかさあ、勘弁してほしいわ！」と、酔って何度も繰り返すものだから、おでん屋の女将さんが、「桑田さん、いつも会社の悪口ばかり言って、もうこっちがいいかげんにしてほしい！」とこぼしていたと、親父から聞きました。親父もそのおでん屋さんに時々行っていたのです。そりゃ、いくらお客さんとはいえ、人の悪口、会社の悪口ばかり、ずーっと聞かされるほうはたまったものではないでしょう。

でも僕は、桑田さんに「お前いいかげんにせえよ」と、指を差して責めるようなことは言いません。桑田さんが辞めるかもしれないと怯えもしません。経営理念ができてから、桑田さんの所属部署のリーダーも理念の大切さを理解してくれていたからです。

僕はある作戦に出ました。ほどなく僕は桑田さんに「会社の悪口、おでん屋で言っているらしいね」と、さらっと言いました。彼はぎょっとして、「ええ、ばれた！」という感じの、苦い顔です。僕は桑田さんにこう持ちかけました。

「桑田さん、一緒にいい会社作らない？　今、会社に来るの、あんまり好きじゃないでしょう？」

「……まあ、正直」

「でしょう？　それなら、月曜日に来たい会社を一緒につくろうよ。僕も協力するからさ。なあ、リーダー？」

　リーダーは「そうです」とうなずきます。

「一緒にやっていこうよ。何が嫌？」と、少しずつ桑田さんとの距離を縮めていきました。

　細かいことは、リーダーに任せることにして「ときどき俺も顔突っ込むわ。でもね、目標ひとつ作ろうぜ。こうなったら、桑田さんが会社に行きたくて行きたくて仕方ない、月曜日が来るのが楽しみなワクワクする会社にしようよ！」と、僕はあっけらかんと提案しました。桑田さんはずいぶん面食らっていました。そして、「そんな月ワクの会社になったら、僕と一緒にあのおでん屋さんで飲もうよ」と約束しました。

　一番の抵抗勢力ですから、僕としても、それがいつ実現するのか、わかりませんでした。でも僕の中では、いずれ桑田さんと一緒におでん屋さんにふたりで行って、差し向かいで日本酒を飲める時が来ると、そんなストーリーを思い描いていました。

　リーダーから聞く桑田さんの様子が少しずつ変わり始めていくのを実感していました。そしてとうとう、僕は桑田さんを誘ったのです。「桑田さん、そろそろ行く？」。

「はい」と桑田さんは答えてくれました。

　いい夜でした。桑田さんの今までの想い、そして、僕が西精工に来てからの変化をどう感じていたのか、仕事の向き合い方、一緒に働く仲間への想い…。たくさんの話をしました。たくさんのお酒を飲みました。ああ、桑田さんも家族として一緒に歩んでくれる仲間に加わってくれたなと、とてもうれしい夜でした。

彼にがんが発見されたのは、それから間もなくのことです。その時すでに高いステージで、会社を休んで治療に専念することになりました。

以来、残念なことに現場には1回も復帰できませんでした。大腸がんになって、どんどん痩せていくばかりです。現場の土成工場には出社できませんでしたが、誕生日に本社に顔を出しました。桑田さんにも僕がバースデーカードを書きました。

「焦らなくていいよ。いつまでも待っているからね。無事帰っておいでよ。誕生日おめでとう」

桑田さんはもうその時は痩せこけて骨ばって痛々しい姿でした。でも「早く会社に帰ってきたい…」と訴えていました。療養中は、大好きなビールは飲めませんから、一度ジュースを差し入れしたこともあります。

でも、ある時、総務が連絡してきました。

「社長、桑田さんが、主治医の診断書を持って来ました。『就業可能』って書いてあるんです。どうしますか?」

あんなに痩せているのに、職場復帰はどう見ても難しい話です。

「主治医が言ったって、あの様子では無理だよ。うちの産業医に見てもらいなさい」と指示をし、産業医に聞いたところ、案の定「こんなにきつい抗がん剤を服用していて、働けるわけがない」という判断でした。

「無理しなくたって、いつだって待っているから、もうちょっと薬が減ってから帰っておいで」と、総務部長、製造次長がわざわざ桑田さんの家に訪問して説明をしました。

亡くなったのは、その直後でした。

「社長、桑田さんが亡くなりました」

総務からの連絡に「ばか言っちゃいけない。就業可能って診断書を出してきて、1週間も経っていないでしょう？」と聞き返しました。しかし、少し考えると、合点のいく部分もありました。

僕はがんで死んだことがないからわからないですが、やせ細った桑田さんの容体を見て、かなり厳しい状態だと感じていました。だから桑田さんも自分の死期を悟り、主治医に診断書を書いてもらって、最後にもう1回現場に帰りたいと願ったのではないでしょうか。1時間でもいいから現場に立たせてほしいと、無理に書かせた。そうしないと、こんな診断書はありえないでしょう。

彼は会社が変わっていくなかで、この会社が嫌で仕方なかった。変化することをためらった。でも最後には、とにかく帰ってきたいと思える会社になりました。彼が帰って来たい会社は僕がつくったわけではない。みんながつくったのです。特に彼と関わる仲間が築いていったのだと思います。

桑田さんの年老いたお母さんも、本当は要介護の状態です。そのお母さんが、葬儀で「本当にいい会社に勤めさせていただいて、ありがとうございます」と、深々とお辞儀をされました。

最期に職場に帰りたいと願った桑田さん、その願いは残念ながら叶えてあげることができませんでしたが、でも、そこまで強く想ってくれるほどの会社になったことは、とてもうれしく思います。桑田さんという仲間を持つことができて、僕は本当に幸せだなとつくづく感じています。

◇大家族主義経営のリーダーの条件は「人に感謝し、幸せに気づける人」

大家族主義はあったかいだけじゃない。けっこうきついこともあります。社員さんや社員さんの家族が亡くなることは特にしんどいものです。表面だけで付き合っている存在なら、別に大きな痛みはないでしょう。しかし、家族同様に思う人が亡くなることは、精神的につらいことです。

逆に、結婚したり、子どもが生まれたりするのは、とてもうれしくなります。昨年は7組結婚しました。子どもができたら、ちゃんとポケットマネーでお祝い金を渡して、「よかったねー」とハグします。

僕は、ワークライフバランスという言い方が大嫌いです。仕事と家庭は別、ワークとライフの分離、そんなことはありえない。仕事が好きなら5時過ぎても家で仕事のことを考えているだろうし、家族が大好きで心配だったら、会社にいたって家のこと考えているものです。仕事と家庭をすっぱり分けられる器用な人間なんかいないのだから、ライフのなかにワークがあって、ワークのなかにライフがあると考える方が自然ではないでしょうか。

たとえば、家で嫌なことがあったとしましょう。奥さんとけんかした、子どもが言うことを聞かない。職場できちんと切り替えられる人もいますが、感情を引きずる人だっています。そのままの気持ちで仕事に入ったら、集中できないし、ケガをするかもしれない。そういう時に朝礼の意味があります。職場で輪になってみんな向かい合って、表情を見ながら話していたら、リーダーがチームメイトの状態を察知できます。異常に気づいたら、「何があった？　それは1回忘れないと、クレーム出すかもしれないし、何よりも安全が脅かされるよ」という話をします。そういう何気ない行動の積み重ねが、最終的に、生産性を上げます。

お互いを気にかけ思いを伝える行動は、組織の風通しを良くし、働きがいをグンと高めます。西精工には「ありがとうカード」を書く文化があります。これも始めて12年くらいになる活動です。仕事で協力してくれたり、感謝の気持ちを伝えたい人がいたりする時に、2枚1組のカードに書いて、総務宛ての投書箱に入れておきます。感謝を伝えたい相手にまとめて、月1回渡す給与明細袋に同封しておきます。毎月7000〜8000枚がやり取りされます。社員ひとりあたり20〜30枚書いている計算です。

本気でありがとうカードを書いている人は、確実に幸せになります。誰かに感謝を伝えることで、自分が幸せになれるからです。ありがとうカードを本気で書いたからといって、すぐに会社の利益が上がるわけではありません。でも10年後には確実に上がっています。ありがとうカードは〝幸せ力〟です。見えなかったことが見えてくるようになります。いかに自分が恵まれているか、人に支えられて生きているかがわかります。本気で書いているリーダーや社員さんは、だんだんそれが見えるようになっています。

ところで、以前僕は日曜日にありがとうカードを書いていましたが、全社員にまんべんなく書くことが難しくなり、今は「バースデーカード」に切り替えています。

バースデーカードは、日曜日に食事が終わった後、だいたい2時間くらいかけて、その週に誕生日を迎える社員さんの分を書きます。守衛の天神さんのバースデーカードを書いていた時も、胸にこみ上げるものがありました。書いているとやはり、その人の人となりや背景を思い出して、心が入ってしまいます。

天神さんは69歳になります。昔は西精工で機械を動かしていました。60歳を過ぎて、臨時社員として守衛さんになったのですが、3年前に奥さんを失いました。奥さんはまだ60代前半でしたから、早くに先立たれてすごくしょげていました。子どもたちはみんな独立して、奥さんとふたり暮らしだったので、寂しさはひとしおだったでしょう。だけど、天神さんには会社があります。今は会社が生きがいになっています。会社が大好きで大好きで仕方ない。そういう人にバースデーカードを書いているだけで、僕も幸せだなと感じます。存在自体がありがたいなと思います。

僕は社員さんにも、そういうことをありがとうカードに書いてほしいと願っています。そうしたら、ちょっとしたことでも幸せを感じるようになれます。西精工の取り組みには、「私の1週間」、ありがとうカード、社員のイベントやボランティアなど、数多くありますが、中途半端にやっていたら何も心に入ってきません。でも本気を出してあきらめず、ずっと継続していったら、最終的に幸せの道を歩めます。ちょっとしたことに幸せを感じ、ああ、なんて恵まれているんだと気づいて、周りの人に感謝する。それによって、ここで働けてよかったと思うのです。

それができているのがリーダーです。うちの会社は、人に感謝し、幸せに気づける人がリーダーの条件です。ただ、ありがとうカードや「私の1週間」は、最初は何も解説せず「まず書きましょう」と指導します。10年続けてから、ようやく意味の説明をします。だから社員さんはまず「なんでこんなことせなあかんの？」から始まります。でも説明しなくても、やっているうちに何人かは気づいて、道に入ってきます。向かう先は、幸せです。

本を読むのもそうです。なんのために本を読むの？　といったら、やっぱり自分や周りの人たちが幸せに向かうためです。本を読んで、知恵や見識を得て、問題に対処できたほうがいい。それによって、物事を深く考えられます。また、本を読めば、他人の人生を追体験できます。ひとりの人生なんて、浅いものです。

うちの若い社員さんのなかには、「この会社に入って、生まれて初めて本を読みました」という人もいます。「社長、読書って素晴らしいですね」と目を輝かせて言うようになりました。家で読んでいる姿を見て、親御さんもびっくりしているようです。

彼を読書に向かわせたのは「目的意識」です。チームや個人としても、仕事の目標ができたら、そこに到達するためには知識が必要です。そのためには読書が欠かせないと、自身で気づいたのだと思います。また、会社の雰囲気が、読書をすることが日常になっていることも、重要な要素だったのだと思います。

◇がん治療通院の長距離移動をチーム一丸でサポート

工作係に井上さんという社員さんがいます。井上さんもがんになり、それを乗り越えようとしています。井上さんのいるチームは一番平均年齢が若い。以前、桑田さんを亡くしているチームです。だから、井上さんだけでなく、周りのメンバーが努めて明るくしようとしています。がんを消すためにやれることをなんでもやってしまおうと、井上さんを応援しています。なぜ明るいか。がんは笑いで免疫が活性化してがん細胞を殺していくとよく言います。だから、とにかく朝から晩までニコニコ笑いながら仕事をするんだと。だからどのチームよりも一番元気です。

井上さんは抗がん剤を使って治療しています。抗がん剤がきつい時は、顔を見ればわかります。井上さんは僕が紹介した免疫治療も併用しています。これは、名古屋の病院でしか受けられないので、高速バスを使って行っています。しかし、長距離移動は精神的にも身体的にもきつい。だから、工作係は彼のために名古屋まで車で送り迎えしています。「ひとりでバスで行くのはつらいでしょう」と、皆で一緒に行っているのです。

送り迎えした社員は、無理して付き合ってとか、井上さんを不憫に感じてという湿っぽいムードはありません。むしろ、一緒の旅を楽しんでいる様子さえあります。若い社員さんは「社長、井上さんと名古屋と京都に行ってきたんですよ。楽しかったっす！」と元気よく僕にお土産を渡してくれました。

井上さんと一緒のチームで働く幾田さんの文章がありますので、それを紹介します。

幾田さんの理念体験（私の1週間より）

笑いでがんを退治する！　井上さんの免疫治療の旅

「井上さんの免疫治療のために、先週末、名古屋に行かれるのに、工作係のメンバー5人、木村班長、岡野さん、林さん、森佐智子さんが同行して、木村班長が運転する車で、名古屋から京都の旅を楽しんだという話を月曜の朝聞きました。恒例になりつつある井上さんの治療に同行する旅ですが、いつ聞いてもすごく良いことだと、うれしくなります。

井上さんは大病していても、非常にポジティブで前向きな方ですが、治療のためにひとりで名古屋まで夜行バスで通うとなると、体力的にも精神的にも参ってしまうと思います。そこに仲間が同行し、井上さんの体力・精神力を支えてあげるという行動は、本当に素晴らしいことです。

私は今回同行することができませんでしたが、井上さんから旅の話をたくさん聞かせていただきました。旅の話をしている井上さんも終始笑顔でした。笑うことが病気の細胞を攻撃する細胞を活性化させると聞いたことがあります。
工作係は非常に若い明るいチームです。だから井上さんもよく仲間と話しては笑っている姿を見かけます。私も井上さんの体調が良くなるよう、笑いがいっぱいの工作係にしていきたいと思います」

チームメイトの幾田さんが、井上さんだけでなく、工作係の仲間の行動に深く共感し、心から応援している様子がよくわかる文章です。こういう作文を書くとサブリーダーとリーダーがコメントをくれます。これが対話です。毎週こういう作文を書くから、チームメイトの思いや悩みがわかる。これが大切です。

作文以上に深いコメントを書くことをモットーにしているリーダーもいます。それがリーダーの役割です。深いコミュニケーションによって家族以上の絆を築き、あつい信頼関係と結束が生まれ、社員さん一人ひとりの幸せにつながる。大家族主義を追求する心と行動のすべてが、高品質の製品づくり、そして会社力に反映されるのだと考えています。

10章

ともに成長し合える関係に！
手間暇かける本気の教育

◇「私の1週間」「ミッションステートメント」の効果

「私の1週間」や「ミッションステートメント」を導入したことで、親父からは「お前は社員にそんなに文章ばかり書かせているけど、そのうちどんどん社員が辞めるんちゃうか?」と心配されたことがあります。「社員さんは文章を書くためにものづくりの会社に入ったんちゃう」とも言われました。しかし、書くことは振り返りにつながります。見えないものが見えるようになり、気づきの力を与えてくれます。

「私の1週間」は、何を書いても自由だと社員さんに言っているので、あえてこちらから、「こういう内容にしなさい」と強制しません。しかし、経営者としての狙いはあります。経営理念を実現したこと、お客様や協力会社の人たち、ここで働く仲間たちとこんな素晴らしいことがあったということに気づいてほしい。感謝の心を知り、仕事とはひとりではなくチームの力によってできることを知ってほしいのです。

また、「ミッションステートメント」も、社員さんの成長と会社の理念の浸透にも欠かせないものです。これは、「自分は何のために生き、この西精工で働いているのか」ということを、それぞれが考えて書き込んでいくA4 1枚のシートです。2年間かけて作り上げました。

項目は、「私の幸福感」(どんな時に幸せを感じるのか)、「ミッションステートメント(何をもって憶えられたいですか?)」、「役割(誰に対して、どんなキラキラした役割を発揮できるのか)」、「信条(10か条)」、「死ぬまでにやりたいこと」です。

つまり、なりたい自分の姿はどんなものか、その姿にどう近づいていくのか、その具体的な目的と目標、プロセスを落とし込んでいくシートです。これを書くのは本当に大変です。自身と深く対話ができていないと書けない項目ばかりです。

また、この「ミッションステートメント」は、社内に貼り出しています。このことによって、世界へ宣言したことになりますし、またチームメイトがどんなことで幸せを感じ、どんな将来を思い描いているのかがわかり、チームが一体となっていくのです。また、後輩たちは先輩たちの「ミッションステートメント」を知り、学びを深めることにもつながります。

何をもって憶えられたいか、という項目については、ドラッカーの言葉からヒントを得ました。ドラッカーの言葉の中で私がもっとも感銘を受けたものです。

私が一三歳のとき、宗教の先生が「何をもって憶えられたいかね」と聞いた。誰も答えられなかった。すると、「答えられると思って聞いたわけではない。でも五〇になっても答えられなければ、人生を無駄に過ごしたことになるよ」といった。

長い年月が経って、私たちは六〇年ぶりの同窓会を開いた。ほとんどが健在だった。あまりに久しぶりのことだったため、初めのうちは会話もぎこちなかった。すると一人が、「フリーグラー牧師の問いのことを憶えているか」といった。みな憶えていた。ある者は四〇代になるまで意味がわからなかったが、その後、この問いのおかげで人生が変わったといった。二五ぐらいになってから考え始めたという者も何人かいた。（中略）

今日でも私は、いつもこの問い、「何によって憶えられたいか」を自らに問いかけている。これは、自己刷新を促す問いである。自分自身を若干違う人間として、しかしなりうる人間として見るよう仕向けてくれる問いである。運のよい人は、フリーグラー牧師のような導き手に、若い頃そう問いかけられ、一生を通じて自ら問いかけ続けていくことになる。

『非営利組織の経営』（ダイヤモンド社）

◇作文を繰り返し書いて、見えてくるものがある

このような作文の取り組みを始めて10年くらいたった時から、「本当はこれを書いてもらえたら」という記述が、社員さんの作文からどんどん増えていきました。

うちの会社は、入社して半年後の試用期間中に、社員さんに経営理念作文とミッションステートメントを書いてもらい、社長面接で見せてもらいます。西精工において大切なものは何で、何を実現していくのか、自分の使命とは何か、夢は何か。それがちゃんと書けていなかったら、正社員になれません。それを導いていくのが、チームメイトの役割です。チームメイトがそのまま代わりに書いたらわかりますから、サポートしながら新入社員が自分の言葉で書けるようにしていきます。

一昨年、ある高卒の新入社員から、際立って素晴らしいミッションステートメントと経営理念作文が提出されてきました。僕は一読して「すっごいな、この経営理念作文。合格だね、や

るじゃない！」と感嘆の声を上げました。

のちにチームのリーダーに聞くと「社長、あれは30回書き直ししていますからね」というのです。半年間で30回書き直して、先輩、あるいはリーダーに見せてやり直していきました。「これだったら受からん。社長はOKと言わないから、もっと考えてみよう」と、何度も何度も返して磨かれて、30回目でようやくOKの作文ができた。本人もすごいし、先輩やリーダーも根気強い。誰かが代わりに書いたらそこまで感動する内容にはなりません。

先ほど紹介した鬼軍曹は、「うちのチームはまだ品質が悪い。この1、2年で、西精工で一番品質のいいチームになって、そして西精工をいい会社にするんだ。だから、率先して掃除したり、機械を磨き上げたり、ミーティングしたりして、品質を作り上げていくんだ。それが嫌だったら嫌と言っていいよ」と。こういう風に理由をはっきり説明しています。これがチームのミッションであり目標ですが、ここの新入社員さんはそのミッションに共鳴して、自分のミッションにつなげ、楽しく会社に来ています。顔を見れば嘘は言ってないとわかります。その新入社員さんの作文はこうです。

「僕は高校時代、甲子園を目指していました。一所懸命野球をやってきました。夢を追うということは、とても充実感があって、毎日野球をやっていて楽しかったです。でもまさか卒業してこの会社に入って、社会人になって甲子園を目指すのと同じ気持ちになるとは思いませんでした。うちの会社には目標があります。うちのチームにも目標があります。僕はこのチームの目標を絶対叶えたい。だから毎日、会社に来るのが楽しくて楽しくて仕方ありません」

10代の新入社員をそこまで突き動かすものはなんでしょう。それは、チームリーダーと周りの仲間が、彼のモチベーションを高い所に引き上げているからです。このチームは、仕事に対してはとことん厳しいですが、人に対しては絶対に見放しません。このような指導の現場では、一律のやり方があるわけではなく、僕も一切管理していません。チームリーダーの哲学と方針によって、新人の現場教育は進められています。

試用期間後は必ずしも全員そのまま正社員採用ではなく、現に営業部ではひとり落ちています。この年は営業部に、大卒で、おそらく採用したなかで一番頭のいい女性社員さんが配属されました。英語はぺらぺらです。でも経営理念作文が書けていませんでした。提出された文章を見て、僕ははっきり、彼女と、同席したチームリーダー、サブリーダーに言いました。

「薄っぺらい。悪いのはあなたじゃないね。リーダー、サブリーダーは、どこまで関わった？うちの理念のところまで引き上げていないでしょう。彼女は経営理念が実現できると思ったから僕は採用した。今でもそう思っています。でも、あなたたちの関わり方があまりにも薄っぺら過ぎるから、ごめんなさい、正社員になれません」

リーダー、サブリーダーも、彼女も真っ青です。ましてや新入社員の女性です。作文を読んでこれではダメだと思った時、5秒くらいためらいました。どうしよう、きちんと伝えたら辞めるかもしれない。でも、うちは経営理念を本気で目指すんだと、振り切りました。人に対して本音をさらけ出したり、思いをぶつけたりすることは、ものすごくエネルギーが要ります。はっきりとぶつけた時に相手が壊れる可能性があります。しかし、この社員さんが辞めてしまうか辞めずにがんばれるのかは、チームのリーダーとサブリーダー、先輩たちの力だと思って、賭けに出ました。リーダーもきついですが、僕もきつい瞬間です。でもそれで、彼女とその周りが成長するはずです。

また半年後、正社員登用の面接をしました。僕はまず「前回はごめんね」と謝りました。本気の指導ですが、本人にとってはものすごいプレッシャーだったことでしょう。

「今どんな感じか、本音を言ってごらん」と彼女に聞きました。

「怖くて怖くて仕方なかったです。ここでやっていけるかどうかわからない、また落ちたら、私どうしたらいいの？　って思いました」

目から大粒の涙がぽろぽろ流れています。「大丈夫だよ、できてるよ」。書き直されたミッションステートメントと経営理念作文を見て、合格を告げました。

思いを込めた新入社員教育は、本人だけがよくなるのではありません。リーダーもよくなるし、周りの先輩もよくなります。それが相乗効果のある部分だと思います。大家族主義ですから、新入社員や先輩にも成長してもらいたい。そのためには、変な駆け引きなどせずに「嫌われてもいい」くらいの気持ちで関わっていくということです。そうすることで、リーダー自身が成長していきます。

手間暇はかかります。でも手間暇かかったものじゃないと、本当の信頼関係はできない。それは後輩との関係だけではなく、お客さんとの間もそうです。うわべだけのやり取りしかできなければ、薄っぺらな幸せになってしまいます。

◇総務部と現場が連携して進めた「障碍者がともに幸せになる職場づくり」

西精工の障碍者雇用は、係別面談の目標にも入れていることからおわかりのように、社員の幸せを追求する西精工にとって、重要なテーマです。企業の社会的責任のひとつとして位置づけ、これまで各支援学校からの就業体験の受け入れや、社会福祉法人をはじめとする関係団体との協働を積極的に進めています。

障碍者雇用を進める時に、担当者として奮闘してくれたのが総務部のチームメイトたちです。最初は、知的障碍者の人たちとの信頼関係を築くのが難しかったのですが、担当者が障碍者社員と現場のつなぎ役となり、やりとりを重ねることで、だんだんと形になってきました。現場で奮闘してくれたチームメイトの話を紹介しましょう。

◉社員みんなで、普通のことができる喜びと成長をともに分かち合う

西精工　総務部　渡邉敏江さん

気持ちを通い合わせなければ、仕事を教えることはできない

障碍者のみなさんを受け入れて感じたことは、彼らの〝働きたい〟という強い思いです。それでも、支援学校の生徒さんで働ける人は全体の3割くらいしかいません。そこで先生方が見極めた人が推薦されて就業します。

当社に来たいという人は、どんな状態であっても基本的に受け入れます。自分で歩いて来られて、ひとりでトイレに行ければ大丈夫です。他の条件は、本人が障碍を受容していることに加え、「働く意欲」「家族の理解」「自律」があること。職場見学からスタートし、実習、トライアル雇用とステップアップしながら就労の可能性を探っていきます。

また、西精工では障碍者を担当する社員を、社内援助者として配置しています。障碍者職業生活相談員講習を10人の社員が受講し、困った時にすぐ相談できるような体制をつくりました。

実際の就業の第一歩は、まず彼らと会話を成り立たせること。こちらの言うことがなかなか伝わらないことに、最初は戸惑いました。こちらのほうから「どないしたんかな」と声をかけて、話を根気強く聴くことから始まります。

社内援助者となったある班長は「ずっとこの子に付いて、気持ちを通い合わせなければ、仕事を教えるのは無理」と悟ったそうです。あきらめないで、絶対心を通い合わせる――。その班長も腹をくくったのだと思います。二人三脚で根気強く仕事を教え、今では、班長と障碍者の社員さんは、お互い喋らなくても心が通い合うほどの絆があります。

障碍者雇用を始めてから変わったこと

最初は、障碍者に対してどうやって接すればいいのか、社員さんも一歩引くところもありましたが、今はまったくなく、仲間としてふつうに受け入れています。

ただ、コミュニケーションのやり方を工夫しなくてはならず、人に関わっていく姿勢はすごく強くなったと思います。社長も日ごろから「とにかく彼らと関わりなさい」という話をしていて、皆で一緒に仕事をするという気持ちはとても強くなってきました。また、以前は身体障碍者の雇用はしていましたが、知的障碍者は初めてでしたので、挑戦でもありました。

自閉症の社員が初めて来た時は、私（渡邉）と目と目を合わせることもできませんでした。私は障碍者社員から「全然気持ちをわかってくれん」と言われたことがきっかけで、ジョブコーチ研修で学ばせていただきました。でも行ったからといって、特効薬みたいにすべて解決するわけではありません。結局、毎日の関わりの中から試行錯誤して対処しています。今も日々どうしたらいいかわからないことがあります。

雇う時は、正直、大変な問題ばかりで、きれい事だけでは進みません。たとえば、精神障碍を持つ方は、一度不調な状態に戻ってしまうと勤続することが難しくなる場合があります。統合失調症で、妄想が見え出してどうにも対応が難しくなり、残念なことに退職された方もいました。

今もやりながら、絶対これだという答えはまだ見つからず、模索しながら進めているところです。徳島障害者職業センターに助けていただきながら、ジョブコーチ支援も積極的に取り入れ、社内ジョブコーチも配置しました。他社の方からは当社の取り組みを「すごい」と言ってくださる方もいますが、研修やセミナーなどでお話しする時は、それほどできていませんよとあえて言うこともあります。本当に大変なので、できるだけ生々しく話し、見ていただくようにしています。

あいさつ、安全……基本的な教育は意味を伝えながら、繰り返し指導

中には仕事が嫌になって来なくなる社員もいます。そういう時は、まず相手に向き合うことから始めて、顔を見に行くことにしています。顔を合わせて、話を聞くと会社にまた来るようになることもたくさんあるからです。

彼らは会社に対して、障碍者だから言えない、遠慮するというわけではありません。むしろ、健常者より自己主張はきちんとします。会社という組織の中でどこまで個人の事情を優先させるかは難しいですが、たいていのことは現場が受け入れてくれるので、ギリギリのところまでは対応し、解決策を見つけるようにしています。

また障碍者の中には、とにかく自分を見てほしいとか、自分がこうしたいという気持ちが強く、集団生活をすることに困難を感じる人もいます。社会性が身についていないところがあります。なので、組織で生きていく上での基本的な常識やしつけから教えなくてはいけません。

たとえば、職場で同僚からお土産をもらっても「嫌いだからいらない」とはっきり言ってしまう人もいます。本人は悪気なく素直に言っているだけでしょう。しかし、「お土産をもらうというのは、相手から気持ちをもらうということなんだよ。好き嫌いでもらわないのはいけないよ」と、諭すように教えていきます。

「なぜあいさつをしなければいけないのか」もそのひとつ。まず、「他の人はなぜ自分にあいさつしてくれるんだろう」と気づいてもらうことから始まります。あいさつは礼儀ですが、西精工では安全のため、相手のことを考えるためにあいさつしているんだよと、目的と意味をはっきり伝えています。あいさつのやり方も、いきなり大きな声で始めるのは無理なので、声が出なかったら会釈だけしてみましょう、次に声を出してあいさつしましょう、それができたら次はもっと大きな声であいさつしましょう、大きい声が出ましたね!……と、段階ごとに指導して認めてあげるという、長い道のりがあります。

また、西精工で一番大事な教育は安全にかかわることですから、最初に安全教育をきっちりやります。とにかくけがをさせない教育を重視しています。今のところは、小さな不注意は仕方がないものとして、何かを壊すことやけがの事故は起きていません。「右よし、左よし」の「指差呼称」も繰り返し教えます。工場内では第一に、危険なことが起きたらまず自分の動きを止めると大きな事故にはつながらないので、立ち止まることを教えます。それには「指差呼称」が一番効果的なのです。障碍者だって、自分の身はまず自分で守ってもらわないといけません。健常者の社員でもしなかったら叱りますから、それが一番大事なことかと思います。

でも、これらの活動は総務部だけがしているのではなく、現場の全社員が関わってくれているからできていることです。西精工が、他社よりも障碍者社員の受け入れに優れているとしたら、それはチームのまとまりと協力だと思います。障碍者のいないよその係でも、西精工の社員である限り必ずお互いが関わるので、ほったらかしは絶対にありません。どこかで何かあっても誰かが必ず見ています。大きな問題がなければ総務が現場に出向くこともありません。居場所は障碍者自身がつくっていくものなので、そのサポートをしていくのが社内援助者の役割なのです。

工場の現場も、危険な作業が伴う部分があったのですが、西雄君を受け入れてくれた製造一課は、終業後に彼のためにレイアウトを安全に広くしてくれて、すごく早く改善してくれました。機械を動かして、安全カバーを付けて電気も明るくして。技術者ですから皆改善のプロです。みるみる居場所を作ってくれて、びっくりしました。

厳しくても深く関わり合うことで大きく成長する

障碍者社員は仕事や職場になじめるよう、結構長い期間を実習に充てますが、その実習中にだんだん働く姿勢が変わっていきます。仕事を通じて変わるのは、障碍者に限らず新入社員もそう。現場でもまれて、いろんなことに気づいて感じて成長していくのは皆同じです。仕事を教わり、関わり合いが増えていくと、仲間にただ「暑いな」と言ってもらってもうれしいし、「がんばれよ」と言ってもらえれば2回磨くところを3回磨く。障碍者社員にはそういう純粋な心があります。皆と一緒の仕事がしたいという気持ちがだんだん高まり、「僕だけ『私の1週間』を書かないのはおかしいから、半分書きます」と言い出し始めるくらい。周りの影響から成長していく様子はすごいなと思います。

知的障碍の方の能力は、健常者にもないような強みがあります。ある社員には製品チェックをしてもらっていますが、われわれが気づかないような傷やバリをすぐ見つけられます。われわれの目から見ても大丈夫なものでも、ものすごく細かい部分を見つけて「これはダメ」とはねてしまいます。やり過ぎてしまうので、基準を教えるのが大変なほどです。先ほど紹介した西雄君は品質に関わる検品作業も行っており、自分の神経をすり減らすような作業も集中してずっとやり続けています。

障碍者社員は勤務時間が6時間の短い勤務もあれば、8時間のフルで勤務する方もいます。健常者社員と変わらない仕事をしてくれますし、精神障碍者の社員さんのひとりは、健常者以上のレベルの仕事をやり遂げています。今では、朝礼の見学に来られた方が、チームで輪になって話しているのを見て、チームメイトの中に障碍者社員がいると全然気づかないほどになっています。

西雄君は健常者社員と同じようにQC検定を勉強して、資格取得までチャレンジし、品質保証の係長が付きっきりで勉強しています。皆と同じことができるようになることが、本当にうれしいのだと思います。

社長も一人ひとりの様子を細かく見て、積極的に話しかけてくれます。

総務配属の土橋さんは、最初は人と目を合わせてくれず、知らない人を見ると怖く逃げていたくらいでした。支援学校を卒業した頃は、就職ができないレベルで、ずっと社会福祉法人でレタスを並べたり包装したりの仕事しかできなかったのに、西精工で仕事を教わり、仲間と関わり合ううちに大きく変わりました。雑巾ひとつ絞れなかった社員さんがちゃんと仕事ができるようになりました。成長とはすごいものです。

今では障碍者のリーダーで、お昼に行う創業の精神・経営理念の唱和も率先しますし、新人の障碍者のお世話をして「がんばってね」と励ましています。それに、彼女は社長の大ファンです。社長の車が玄関に入って来るだけで「この中のどこかに社長がおるんよ！」と、うれしそうに言って、とってもいじらしいです。いつもにこにこしながら仕事しています。

土橋さんの場合は、角田さんという定年退職後の再雇用の女性社員が社内援助者となって、最初から教えていきました。初めの頃、角田さんは総務部に毎日報告に来て「私、もう無理！辞めます」と音を上げていました。障碍者を教えるのは初めての経験でどう接していいのかもわからない。角田さんは上辺だけでなく心の底から土橋さんに寄り添うことで叱りつけますが、叱った後は悩んでいました。「こんなに厳しくしたら、私嫌われてしまう……」と。誰だって、嫌われたくないものです。でも、仕事を覚えてもらうためにはあえてそうしなくてはならない。この子のためと思って寄り添って、悪いことは悪いと繰り返し指導し、見ていても痛々しいくらいでした。

そんな土橋さんも、角田さんの教育のおかげで仲間の障碍者社員の心配ができるまでに成長しました。角田さんも、いつまでも会社に来られるわけではないので、「私がいなくてもこの子がひとりでできるように育てます」と、指導はさらに厳しくなっています。そして、母親のように、「この子には結婚してほしい」という気持ちまで持っています。土橋さん自身も、ウェディングドレスを着たいという夢があります。角田さんは「だったらこれができんかったらあかんよ！」と、土橋さんにいつも諭しています。教えることは結構細かくて、「机は上だけでなく横を拭きなさい」とか、お姑さんみたいですが、土橋さんも元気に「はい！」と言って毎日がんばっています。

障碍者も社会の一員ですから、無関心ではなく、仲間として寄り添っていくのが、あるべき姿です。そういう職場の光景を見て新入社員も感化され、新しく入った障碍者の社員にやさしく声をかけて、温かく接してくれています。「同期と言ってくれたんよ！」と喜ぶ障碍者社員もいました。

一昨年入社した近藤君のお母さんの場合、息子さんが社会人として働くことを目標に子育てをしてきました。当社に入社させたいと思ったのは、ホームページを見たことがきっかけでした。「障碍者と働くのは自然なこと」と書かれていたのを見て、「うちの子をお願いします」と申し出てこられました。「自分にとって大事なひとり息子なのに、幼稚園・小学校・中学校と、どこに行っても特別扱いでつらかった」と訴えていました。

迎えた入社式の日、近藤君は、他の新入社員と同じ制服を着て、同じことをしゃべっている……。その姿を見て、お母さんは〝普通のこと〟がうれしくて泣いていました。

私もそれまで、障碍者の置かれた環境に気づかずにいたことがわかり、お母さんに共感して泣いてしまいました。今までの苦労が入社式での姿を見て忘れられた時間でした。親御さんのそういう気持ちを汲んだら、私たちも援助者として何かしなければいけないと、思いをいっそう強くしています。

◇障碍者とともに働くことで生産性が上がり、チーム力が磨かれる

西精工の障碍者雇用は、最初は、6年前に、障碍者雇用率1.8%を目指して始めました。製造業は危険な作業もあります。知的障碍者や精神障碍者の場合、最初から難しい仕事を覚えてもらうのはハードルが高く、働きやすい作業がいいと、採用担当者が配慮して総務に配属し、掃除の仕事から始めました。

しかし僕は、「こんなやり方でいいのかな」と思い始めました。働きやすい職場や仕事に配置するのは、本人も会社も確かにやりやすいことでしょう。しかし、障碍者の社員さんは、それを本当に求めているのでしょうか。障碍者の社員さんだって、現場のみんなと仲間になって

協力し、能力を伸ばして、もっと挑戦できるような仕事をやってみたいのではないかと、僕は感じていました。そして、総務部のメンバーにもそのことを伝えました。

そこで、係別面接の目標に、障碍者雇用についての取り組みを加え、特別支援学校からインターンを受け入れることにしていきました。

次に、4年前の目標は法定雇用率の2倍である4％の達成でした。現在、西精工では働く障碍者は9人。雇用率4％はほぼ達成しました（現在3.9％）。しかし、目標はそれだけではありません。

雇用の確保はもちろんですが、問題は、採用した障碍者の働きがいや幸福度です。採用した人がより幸福感を持って働ける職場環境の整備や、周りの社員と分け隔てなく関わりあえる会社づくりを通じて、お互いが成長しあえること……、経営理念から紐解けば、それが、西精工らしい障碍者雇用ではないか。雇用率よりも障碍者幸福度が重要なのです。働く障碍者の幸せを100％考えて取り組むという方向に、だんだんと考えが固まっていきました。

さらに、先ほど紹介した製造一課に、リーダーが「このままじゃいけない」と西雄君を入れて、会社としても製造工程を見直すという、大きなチャレンジをしました。障碍者がラインに入ったにもかかわらず、生産性は下がるどころか上がっています。言い訳してはいられません。僕たちは障碍者と働いて、生産性を上げていく。そうしないとただの福祉ボランティアに終わってしまうからです。

昨年は13人の新入社員のうち、ふたりが発達障碍者です。今年は障碍者がひとり入社しました。昨年の入社式の朝礼で僕はこう話しました。「障害者雇用は決してボランティアではない。障害者と働いて生産性を上げてこそ会社です。そうしなければまるで意味がない」。入社式で後ろにいた障害者の新入社員のご両親が号泣していました。特別扱いではなく、普通の社員さんと一緒であることが、どれだけうれしかったことでしょう。働き手として生産性を上げることは、社会に必要とされ、貢献していることの証です。ボランティアでいいのなら、お互い楽しいね、と言い合っていればいいのです。会社で働くことを通して、できなかったことができるようになる達成感や、困っているときに助けてくれる仲間との絆、誰かの役に立っている実感など、たくさんの働く喜びを味わってほしい。これは健常者も障害者も変わりありません。

障害者の皆さんは社会の役に立ちたくてうちの会社に入っています。もし、障害者も健常者も、お互いが学び合い成長し合える関係ができたら、簡単に会社を辞めないでしょう。それには会社と障害者の社員さん、また社員さん同士の信頼関係が条件になります。これも経営理念、西精工フィロソフィーにつながる、大家族主義の体現です。

◇障害者と働くチームメイトの「幸福感」

それがよくわかる作文があります。製造一課の井関班長が西雄君を受け入れた時の理念体験を「私の1週間」に書いてくれました。この時西雄君はインターンシップで来ていて、まだ社員になっていない頃です。

井関班長の理念体験（私の1週間より）

西雄君を受け入れて幸福感を味わった

「今週から、西雄君が特別支援学校の就業体験に来られています。西雄君も、同伴されている先生も、現場の仕事はとても不安だったようです。そして、私たち受け入れ側も、きちんと安全に作業してもらえるのかすごく心配でしたが、西雄君はこの1週間、きっちり完璧に仕事をしてくれました。

また、西雄君が作業しているのを隣で見守っているととても幸せな気分になったものです。これが社長の言っている社会貢献だと思ったし、とても素晴らしい幸福感を味わうことができました。西雄君に付き添っている先生からも、とてもたくさんのことを学ばせてもらいました。西雄君がミスをすると、すごく怖い顔をして、厳しく接するかと思えば、優しく褒める時もある。まるでお母さんのようでした。先生の、彼に接する様子を見て、リーダーがどのような姿勢でチームメイトに接すればいいのか学ばせてもらいました。

今回の受け入れで、本当にたくさんのことを体験し学びました。経営理念を実践し、これほどまでに幸せにしていただき、心から理念の素晴らしさを知りました。私の人生の中でも、大きな財産となるに違いないし、また会社や社長にも感謝しないといけないと思いました。今回の取り組みは、こういったことがまだあまり腹に落ちていない私に、あえて障碍者を受け入れる企画を任せてくれた小椋係長に本当に感謝です。よい体験をさせていただき本当にありがとうございました。」

この作文には深掘りできる要素がたくさんあります。

付き添いの特別支援学校の若い女性の先生は、僕にこう言っていました。「生徒は自分の子どもと同じです。そう思わないと、支援学校では勤められません」。

学校の先生にもいろんな方がいます。僕も4年間徳島県の教育委員になり、先生の仕事を見るにつけ本当に大変な仕事だと敬服していますが、西雄君を支えて導くこの先生は、僕も特に大尊敬している先生です。

作文のもうひとつのポイントは、井関班長は障碍者雇用の意義をまだ本当にわかっていないと思った小椋係長が、この仕事を任せたこと。また、一番大事な部分は「経営理念を実践し、これほどまでに幸せにしていただき、心から理念の素晴らしさを知りました」という部分です。

僕は創業の精神と経営理念の軸を「幸せ」にしました。これを読むと、見事に幸せにつながっている。井関班長の学びは僕の想定以上の内容です。

これを読んだ時、社長として3つの感情がわき起こりました。ひとつ目は単純に「うわ、素晴らしい!」。仲間を支えることで成長し、幸せを実感できた井関班長を素直に称える気持ちです。その次に、「ちょっと重すぎる……」という、戸惑いです。理念が入ると重くなります。

いろんな社員さんの人生とともに歩む、社長として大きな責任を背負ったような、複雑な感情です。最後の感情は「この重さこそが幸せなんだ」と、身を引き締め、しみじみ噛みしめる幸福感です。

人を背負わなかったら、幸せにならない。一番わかりやすいたとえが、〝お母さん〟でしょう。子どもを育てるお母さんは、愛情を尽くして子どもをまるごと包み、背負っていきます。お父さんの役割とは少し違います。愛情をいくら与えても、お母さんは子どもに愛を返してくれとは言わない。愛情を注ぐことそのものが幸せです。

大家族主義の経営理念を本当に本気でやっていくことは、社員さんとその家族の重さを背負うこと。この作文を読んで、幸せは深いと感じました。

これまで、経営理念を胸にしっかり抱いて、いろんな取り組みをしてきたつもりでした。しかし、障碍者雇用に本気で向き合い始めているものの、自分の損得を求めない愛の境地には、僕もまだまだだと思わされます。全然背負えていないし、まださぼっているじゃないか。そう気づかせてくれました。

西精工の大家族主義の道のりはまだ果てしなく、僕の修業はこれからも続きます。

あとがき

本文中にもありますが、私は幼少の時に、母方の祖父母が経営する本屋さんで、たくさんの時間を過ごしました。そのおかげでいろいろなジャンルの本を読み、読書好きになりました。しかし本が好きなのと出版するのとはわけが違います。今までに「ご自分の本を出版しませんか？」「本は出されていないのですか？」と何度も聞かれたことはありますが、自分の本を出すことに興味はなかったですし、どちらか言えば、自分のポリシーとして「出版の話は断ろう」と決めていました。自分がやっている経営が他者から見て正しいとは限らないし、何より価値観がどんどん変化している中で、紙媒体に自分のやっている事や考えを残すのに抵抗があったからです。しかし今回、天外さんから「一緒に本を出しませんか？　テーマは大家族主義です」と言われたときに「はい、分かりました」と喜んで即答しました。

天外さんとは「ホワイト企業大賞」を通じて大変懇意にさせていただいています。お話を一緒にする中で、お互いに一番興味があるのが人だと感じています（私は勝手にそう思っています）。しかしながら、そういった共通点はあるものの、天外さんと私とでは歩んできた道が全然違います。思考回路が違います。生きざまが違います。つまり人生のステージが違うのです。天外さんからすれば私は赤子のようなものです。なので、天外さんのような方と共著で一緒に本を出せるのは、本当に自分にとって大きな学びのチャンスです。私はこういう素晴らしい人と本を創り上げていくというプロセスを考えただけで、ワクワクしてきます。

思えば私は本当に人に恵まれています。「稲盛経営者賞」「日本でいちばん大切にしたい会社大賞」「日本経営品質賞」「おもてなし経営企業選」「ホワイト企業大賞」など沢山の賞をいただきましたが、実は賞自体の価値よりも、この賞をきっかけにしてめぐりあった人たちが何よりも私の生涯の宝物になりました（残らずお名前を出したいのですが、それだけで1ページぐらいスペースをとってしまいます）。

私は森信三さん（教育学者）の『人間は一生のうち逢うべき人に必ず逢える。しかも、一瞬早すぎず、一瞬遅すぎないときに。しかし、うちに求める心なくば、眼前にその人ありといえども、縁は生じず。』という言葉が大好きです。私が経営で、もがき苦しんでいた時には、自分はここまでやっているのにどうしてという気持ちが強く、まったく目の前が見えてなかったのだと思います。だから素晴らしい人との縁にも気づいていなかったかもしれません。

しかし大切にしたいものが何か、自分の中でわかった時から、自分の見る世界が変わりました。迷った時にこそ、凄いタイミングで自分に気づきを与えてくれる、そういう人たちが現れます。このように私は出会う人たちのおかげでたくさんの気づきと感謝を得ることが出来、自分の経営の判断基準が形成されていきました。そして、こういった事を重ねていった時に一番気づきを与えてくれる感謝すべき人は一番身近にいるとわかりました。例えばそれは一番私に慈愛を捧げてくれた両親でした。連れ合いでした。ともに働く社員さんでした。この気づきは大きかったです。

人は人によって生かされると私は考えます。毎日毎日、誰かを生かしたり、誰かに生かされたりです。今回、私は経営者としてのベタな自分の人生を書き記していますが、それは誰かを生かしたり、誰かに私が生かされたりの繰り返しです。そしてそういう大家族主義に、今回光を当ててくれているのが天外さんです。天外さんによって生かされたこの本が少しでも読者の役に立っていただければ何よりもうれしく思います。

私が目指す会社は、まだまだ出来ていません。何よりも自分自身の人間作りが出来ていません。しかしながら、これからも、こういうご縁を大切にいい会社づくりに精進していきます。

2018年9月

西　泰宏

ホワイト企業大賞の概要

◆ホワイト企業への道をともに歩む、ホワイト企業大賞の活動

ホワイト企業大賞企画委員会は、未来工業の山田昭男相談役が亡くなった2014年の秋に発足しました。当時すでにブラック企業という言葉が市民権を得て、ブラック企業大賞の表彰がメディアで取り上げられていました。そこで、「ブラック企業の対極はホワイト企業だ」とおっしゃった山田相談役の言葉を受けて「ブラック企業より、ホワイト企業を探したい。増やしたい」の想いで、天外伺朗をはじめとした専門家有志が集い、ホワイト企業を「社員の幸せと働きがい、社会への貢献を大切にしている企業」と大きく定め、〝ホワイト企業大賞〟という表彰制度をはじめとした活動を始めました。

〝ホワイト企業大賞〟には評価基準はありません。また、応募の組織形態は問いません。法人のほか、支店・支所・部署単位での応募も可能です。大賞の選考は、アルバイトやパート、派遣の方々も含めた働く方々へのアンケート調査から、組織のホワイト企業指数、〝のびのび〟〝いきいき〟〝すくすく〟の各因子の分布、組織の状態を測り、ヒアリングなどによって組織の特徴をうかがい、企画委員会で検討します。経営者と働く人たちの想いと行動で育まれた、個性豊かなホワイト企業を探し、大賞のほか、組織の特長にフォーカスしたさまざまな賞を設けています。アンケート項目はホームページで公開しています。

またホワイト企業大賞の活動は、表彰がゴールではありません。ホワイト企業大賞へのご応募は、組織の健康度や幸福度などを観るチャンスと考えていただいています。人の定期健診のように、定点観測の機会と捉えて続けて応募くださる企業さんもいらっしゃいます。また応募時のアンケート結果は、組織内での掲示をお勧めしています。掲示に際しては、対策の指示はもとよりコメントもせず、ただ貼り出すだけです。こうして現状を広く共有することだけで、指示命令では生まれにくい自発的な変容が起こり、組織の健康や生命力を養っていくと考えています。

ホワイト企業大賞への募集のほか、講演会や勉強会、注目企業・組織への訪問合宿などをとおして、ホワイト企業の在り方を共に学ぶ場づくり、ともに歩む仲間づくりをしています。シンボルマークに記した"The White Company Way（ホワイト企業への道）"は、「社員の幸せと働きがい、社会への貢献を大切にしている企業」の在り方を共に学び、追求していくことを示しています。ゴールのない、希望ある未来へと続く取り組みとして、皆様のご参加をお待ちしています。

●企画委員（2018年9月1日現在。企画委員長以下は五十音順）

天外 伺朗（委員長）　天外塾主宰　社団法人フロー・インスティテュート代表
　ホロトロピック・ネットワーク代表
小森谷 浩志　株式会社ENSOU　代表取締役
瀬戸川 礼子　Riveroffice　ジャーナリスト　中小企業診断士
武井 浩三　ダイヤモンドメディア株式会社 代表取締役　一般社団法人 自然経営研究会 代表理事
辻 秀一　スポーツドクター　株式会社エミネクロス代表
成澤 俊輔　NPO法人FDA理事長
西 泰宏　西精工株式会社　代表取締役社長
西川 敬一　株式会社ブロックス　代表取締役
原田 隆史　株式会社原田教育研究所　代表取締役社長
藤沢 久美　シンクタンク・ソフィアバンク代表
前野 隆司　慶應義塾大学大学院　システムデザイン・マネジメント研究科　教授
八木 陽一郎　ユニティガードシステム株式会社　代表取締役社長
山田 博　株式会社森へ 代表取締役
横田 英毅　ネッツトヨタ南国株式会社　取締役相談役

●ホワイト企業大賞の活動は、以下のURLをご覧ください
http://whitecompany.jp/

●お問い合わせ先：ホワイト企業大賞企画委員会事務局　info@whitecompany.jp
（石川公子、大前みどり、木村昌男）

第1回から4回までのホワイト企業大賞 表彰企業

第1回ホワイト企業大賞(2014年度)

■大賞
未来工業株式会社(岐阜県安八郡、山田 雅裕)
ネッツトヨタ南国株式会社(高知県高知市、前田 穰)

第2回ホワイト企業大賞(2015年度)

■大賞
石坂産業株式会社(埼玉県入間郡、石坂 典子)
医療法人ゆめはんな会 ヨリタ歯科クリニック(大阪府東大阪市、寄田 幸司)
■人間力賞
有限会社 a i(北海道帯広市、石岡 ひとみ)
こんのグループ(福島県福島市、紺野 道昭)
学校法人爽青会(静岡県浜松市、中野 勘次郎)
■国際かけはし賞
株式会社王宮(大阪府大阪市、橋本 正権)
■チャレンジ賞
株式会社イノブン(京都府京都市、井上 勝、井上 雄太)

第3回ホワイト企業大賞(2016年度)

■大賞
ダイヤモンドメディア株式会社(東京都港区、武井 浩三)
西精工株式会社(徳島県徳島市、西 泰宏)
株式会社日本レーザー(東京都新宿区、近藤 宣之)
■人間力経営賞
有限会社アップライジング(栃木県宇都宮市、齋藤 幸一)
■主体性育成賞
アロージャパン株式会社(兵庫県神戸市、上村 計明)
■地域密着経営賞
有限会社いっとく(広島県尾道市、山根 浩揮)
■ホワイトエコロジー賞
株式会社ecomo (エコモ)(神奈川県藤沢市、中堀 健一)
■熟慮断行賞
大月デンタルケア(埼玉県富士見市、大月 晃)
■ホリスティック経営賞
医療法人社団崇仁会 船戸クリニック(岐阜県養老郡、船戸 崇史)
■風通し経営賞
ぜんち共済株式会社(東京都千代田区、榎本 重秋)
■発酵経営賞
株式会社寺田本家(千葉県香取郡、寺田 優)
■ハイハイのように楽しく進んでいるで賞
菜の花こども園(長崎県長崎市、石木 和子)
■いきいきウーマン経営賞
有限会社ラポール(愛媛県松山市、橘 健一郎)

■推進賞
医療法人社団耕陽会 グリーンアップル歯科医院（東京都目黒区 、森田 俊介）
上州物産有限会社（群馬県前橋市、阿部 武志）
セカンドダイニンググループ（東京都中野区、早津 茂久）
株式会社武生製麺（福井県越前市、桶谷 三枝子）
株式会社テレトピア（山口県下関市、秋枝 耕一）
株式会社電巧社（東京都港区、中嶋 乃武也）
株式会社Dreams（大阪市中央区、宮平 崇）
ノアインドアステージ株式会社（兵庫県姫路市、大西 雅之）
医療法人社団白毫会やもと内科クリニック（宮城県東松島市、佐藤 和生）

第4回ホワイト企業大賞（2017年度）

■大賞
株式会社ピアズ（東京都港区、桑野 隆司）
株式会社森へ（神奈川県横浜市、山田 博）
リベラル株式会社（東京都江戸川区、本間 省三）
■健幸志向経営賞
有旭テクノプラント株式会社 （岡山県倉敷市、藤森 健）
■社員、女性に優しい経営創造賞
株式会社 I-ne（大阪府大阪市、大西 洋平）
■笑顔が生まれる経営賞
株式会社カルテットコミュニケーションズ（愛知県名古屋市、堤 大輔）
■人間愛経営賞
株式会社基陽（兵庫県三木市、藤田尊子）
■明け渡し経営賞
ご縁の杜株式会社（神奈川県湯河原町、深澤里奈子）
■学習する組織経営賞
有限会社たこ梅（大阪府大阪市、岡田 哲生）
■部門充実経営賞
株式会社ドコモCS ビジネスサポート部（東京都港区、森山 浩幹）
■知好楽経営賞
有限会社ノームランド（群馬県利根郡、高橋 宣明）
■ワークライフ インテグレーション経営賞
株式会社ファースト・コラボレーション（高知県高知市、武樋 泰臣）
■あったか家族経営賞
株式会社プレシャスパートナーズ（東京都新宿区、高橋 誠司）
■公私充実経営賞
株式会社ポッケ（東京都渋谷区、廣瀬 周一）
■ごきげん経営賞
安井建設株式会社（愛知県江南市、安井 浩一）
■地域愛賞
株式会社弓田建設 （福島県会津若松市、弓田 八平）
■推進賞
一般財団法人旧岡田邸200年財団（北海道旭川市、髙橋 富士子）
株式会社グッドラックスリー（福岡県福岡市、井上 和久）
株式会社電巧社（東京都港区、中嶋 乃武也）
福田刃物工業株式会社（岐阜県関市、福田 克則）

ホワイト企業大賞のシンボルマーク

ホワイト企業大賞のシンボルマークは、オリーブの葉を咥えた鳩をデザインしたものです。旧約聖書のノアの箱舟のエピソードをヒントにしています。もう何日も何日も海の上を漂流して、そろそろ陸地があるのではないか？と、ノアはカラスと鳩を飛ばします。そして何度目かに飛ばした鳩がオリーブの葉を咥えて帰ってきたという話です。この鳩はダブと呼ばれる小型の鳩で、ダブがオリーブの葉を咥えたシンボルは、平和の象徴にもなっています。これらのエピソードをもとに、ホワイト・ダブを「ホワイト企業」の象徴とし、オリーブの葉が繁るようにホワイト企業が増えていく願いを込めました。

The White Company Way

Designed by Syoumukou
(www.syoumukou.com)

西泰宏（にし・やすひろ）
1963年、徳島県徳島市生まれ。1988年、神奈川大学を卒業後、広告代理店の営業職を経て、1998年、西精工株式会社に入社。2006年、同社代表取締役専務に就任。2008年、同社代表取締役社長に就任。
同社は、1923（大正12）年創業。資本金3000万円、売上高46億7422万円（2018年7月）。従業員248名（2018年7月）。社員の幸せを追求した経営で、「日本経営品質賞」、「日本でいちばん大切にしたい会社大賞」、「ホワイト企業大賞」など数多くの経営賞を受賞している。

天外 伺朗（てんげ・しろう）
本名：土井利忠。工学博士（東北大学）、名誉博士（エジンバラ大学）。1964年、東京工業大学電子工学科卒業後、42年間ソニーに勤務。上席常務を経て、ソニー・インテリジェンス・ダイナミクス研究所（株）所長兼社長などを歴任。現在、ホロトロピック・ネットワークを主宰、指導し、また「天外塾」という企業経営者のためのセミナーを開いている。
著書に、『幸福学×経営学』『創造力ゆたかな子を育てる』『無分別智医療の時代へ』（内外出版社）など多数。

人間性尊重型 大家族主義経営
新しい「日本型経営」の夜明け

発行日　2018年10月4日　第1刷
　　　　2018年10月8日　第2刷
著　者　西泰宏　天外伺朗
発行者　清田 名人
発行所　株式会社 内外出版社
　　　　〒110-8578　東京都台東区東上野2-1-11
　　　　電話 03-5830-0237（編集部）
　　　　電話 03-5830-0368（販売部）
印刷・製本　中央精版印刷株式会社

ISBN 978-4-86257-393-3